国家教师资格考试

历年真题解析及预测试卷

参考答案及解析

保教知识与能力

幼儿园

山香教师资格考试命题研究中心　主编

国家教师资格考试
历年真题解析及预测试卷
保教知识与能力

| 幼儿园 |

山香教师资格考试命题研究中心 主编

关注公众号,点击“笔试练习”领取历年真题及预测卷20套!

图书在版编目(CIP)数据

国家教师资格考试·历年真题解析及预测试卷. 保教知识与能力:幼儿园/山香教师资格考试命题研究中心主编. --北京:首都师范大学出版社,2015.6(2021.8重印)

ISBN 978-7-5656-2379-0

Ⅰ.①国… Ⅱ.①山… Ⅲ.①学前教育-幼教人员-资格考试-题解 Ⅳ.①G451.1-44

中国版本图书馆CIP数据核字(2015)第131032号

国家教师资格考试历年真题解析及预测试卷
BAOJIAO ZHISHI YU NENGLI YOUERYUAN
保教知识与能力·幼儿园
山香教师资格考试命题研究中心 主编

策划编辑 张文强
责任编辑 曹亮亮 王慕飞 封面设计 山香教育
首都师范大学出版社出版发行
地　址 北京市西三环北路105号
邮　编 100048
咨询电话 010-68418523(总编室) 010-68982468(发行部)
网　址 http://cnupn.cnu.edu.cn
印　刷 河南黎阳印务有限公司
经　销 全国新华书店
版　次 2015年8月第1版
印　次 2021年8月第27次印刷
开　本 787mm×1092mm 1/16
印　张 9
字　数 212千
定　价 42.00元

前　言

中小学教师资格考试是由国家建立考试标准，省级教育行政部门组织的全国统一考试，包括笔试和面试两部分。笔试主要考查申请人从事教师职业所应具备的教育理念、职业道德、法律法规知识、科学文化素养、阅读理解、语言表达、逻辑推理和信息处理等基本能力；教育教学、学生指导和班级管理的基本知识；拟任教学科领域的基本知识，活动设计实施评价的知识和方法，运用所学知识分析和解决教育教学实际问题的能力。幼儿园教师资格考试笔试科目为《综合素质》《保教知识与能力》2 科。笔试一般在每年 3 月和 11 月各举行一次，笔试单科成绩有效期为 2 年。笔试科目均合格的考生，可参加教师资格考试面试。

山香教育在调研历年教师资格考试真题的基础上，结合考试标准和考试大纲，策划出版了本套试卷，致力于帮助广大考生实现教师之梦。

本套试卷具有如下特点：

1. 紧依大纲，稳扣考点。本套试卷紧密结合考试大纲，知识点全面，全卷每一笔都在为考生通关助力，是考生进行备考不可多得的辅导资料。

2. 真题实战，预测演练。全卷分为真题试卷和预测试卷两部分，各 10 套，共 20 套：真题试卷力保原题原卷，有助于考生把握考试的题型、难度及命题趋势，感知考场形势；预测试卷在深入研究考情、真题的基础上进行命制，有助于考生检测知识掌握程度，查漏补缺。

3. 解析详尽，讲解巧妙。山香的解析标准是知其然，还要知其所以然。在解析选项的同时，通过“方法技巧”“易错提示”等栏目，帮助考生梳理重要及易错易混知识点，为考生顺利通关保驾护航。

本书难免存在一些不足之处，衷心希望各位读者朋友批评指正，同时希望该书能为考生顺利通过教师资格考试提供帮助。

编　者

目　录

参考答案及解析单独成册

机密★启封前　　　　　　　　　　　　　　　　姓名＿＿＿＿＿＿　准考证号＿＿＿＿＿＿＿

2021 年上半年中小学教师资格考试真题试卷(一)

保教知识与能力(幼儿园)

注意事项:

1. 考试时间为 120 分钟,满分为 150 分。
2. 请按规定在答题卡上填涂、作答,在试卷上作答无效,不予评分。

一、单项选择题(本大题共 10 小题,每小题 3 分,共 30 分)

在每小题列出的四个备选项中只有一个是符合题目要求的,请用 2B 铅笔把答题卡上对应题目的答案字母按要求涂黑。错选、多选或未选均无分。

1.《幼儿园工作规程》规定,新生入园时,幼儿园要进行(　　)

A. 幼儿知识与能力测评　　B. 幼儿智力测查

C. 幼儿家长测评　　D. 幼儿健康检查

2. 幼儿通过塑造角色表现文艺作品内容的游戏是(　　)(常考)

A. 角色游戏　　B. 结构游戏　　C. 智力游戏　　D. 表演游戏

3. 在科学活动《奇妙的气味》中,教师分别准备了装有水、食醋、酱油等液体的瓶子,请幼儿看一看,闻一闻。教师在活动中使用了(　　)方法。

A. 实验　　B. 参观　　C. 观察　　D. 讲述

4. 下列各选项中,不属于课程四要素的是(　　)

A. 课程设计　　B. 课程目标

C. 课程组织与实施　　D. 课程内容

5. 妈妈带三岁的岳岳在外度假。阿姨打来电话问:“你们在哪里玩?”岳岳说:“我们在这里玩。”这反映了岳岳思维具有(　　)特征。(易混)

A. 具体性　　B. 不可逆性　　C. 自我中心性　　D. 刻板性

6.“做人,做中国人,做现代中国人”这一教育目的的提出者是(　　)

A. 张雪门　　B. 陶行知　　C. 陈鹤琴　　D. 张宗麟

7. 保护幼儿听觉器官的正确做法是(　　)

A. 引导幼儿遇到噪音时捂耳、张嘴　　B. 经常帮助幼儿掏耳、去耳屎

C. 要求幼儿捏住鼻翼两侧擤鼻涕　　D. 经常让幼儿用耳机听音乐、故事

8. 小明搭房子时缺一块长条积木,他发现苗苗手里有一块,就直接过去抢。小明的这种行为属于(　　)(易错)

A. 工具性攻击　　B. 言语性攻击　　C. 生理性攻击　　D. 敌意性攻击

9. 毛毛第一次看到骆驼时惊呼道:“快看,大马背上长东西了。”根据皮亚杰的理论,毛毛的反应可以用(　　)解释。

A. 平衡　　B. 同化　　C. 顺应　　D. 守恒

10. 儿童认为规则是由有权威的人决定的,不可以经过集体协商改变。这说明儿童的道德认知处于(　　)

A. 习俗阶段　　B. 他律道德阶段　　C. 前道德阶段　　D. 自律道德阶段

二、简答题(本大题共 2 大题,每小题 15 分,共 30 分)

11. 教师应当如何对待不同气质的幼儿?请举例说明。

12. 体育活动中与活动后,教师分别可以从哪些方面判断幼儿的活动量是否合适?

三、论述题(本大题 1 小题,20 分)

13. 幼儿园教师应具备哪些专业能力?

四、材料分析题（本大题共2小题，每小题20分，共40分）阅读材料，并回答问题。

14. 材料：

教师为幼儿制作了一个玩具灶（见下图），并投放了羽毛、棉花、小木棒、乒乓球等不同材质的物品和扇子，让幼儿猜测哪些物品能被风吹起来并进行验证。小牛猜想羽毛和棉花能飞起来，就开始扇风，结果发现他们确实能飞起来。他使的劲大了，发现乒乓球也飞起来了。一直旁观的小雷惊讶地说："原来用劲儿扇，乒乓球也能飞起来呀！"

问题：

材料中小雷、小牛都在学习吗？请分别说明理由。（20分）

15. 材料：

在某幼儿园大班的家长座谈会上，家长们纷纷提出：孩子快上小学了，幼儿园应减少游戏时间，增加算术、识字等教学内容，以便于孩子提前适应小学的学习生活。

问题：

(1)请根据上述说法，分析家长观念中存在的问题。（10分）

(2)请针对上述问题，提出解决方法。（10分）

五、活动设计题（本大题1小题，30分）

16. 幼儿园准备组织一次春游，大一班的小朋友很高兴，有的说要去这里玩，有的说要去那里玩；有的说坐地铁去，有的说还是乘汽车好；有的在谈论自己要带什么美食……

陈老师想，既然小朋友有这么多问题，那么是否可以生成一个教育活动，带着小朋友一起研究解决这些问题呢？

要求：

请帮助陈老师设计一个"我们要去春游了"的教育活动，写出活动目标、活动准备和活动过程。

机密★启封前　　　　　　　　　　　　姓名＿＿＿＿＿＿　准考证号＿＿＿＿＿＿

2020年下半年中小学教师资格考试真题试卷(二)

保教知识与能力(幼儿园)

注意事项:

1. 考试时间为120分钟,满分为150分。
2. 请按规定在答题卡上填涂、作答,在试卷上作答无效,不予评分。

一、单项选择题(本大题共10小题,每小题3分,共30分)

在每小题列出的四个备选项中只有一个是符合题目要求的,请用2B铅笔把答题卡上对应题目的答案字母按要求涂黑。错选、多选或未选均无分。

1. 幼儿赛跑、下棋一般属于(　　)(常考)

A. 表演游戏　　B. 建构游戏

C. 角色游戏　　D. 规则游戏

2. 与幼儿园保育和教育目标表述不符的是(　　)

A. 培养正确运用感官和运用语言交往的基本能力

B. 培养幼儿初步感受美和表现美的情趣和能力

C. 训练幼儿的体育运动技能

D. 促进幼儿身体正常发育和机能的协调发展

3. 大班幼儿认知发展的主要特点是(　　)(常考)

A. 直觉行动性　　B. 具体形象性

C. 抽象逻辑性　　D. 抽象概括性

4. "我跑得快""我是个能干的孩子""我会讲故事""我是个男孩",这样的语言描述主要反映了幼儿(　　)方面的发展。

A. 自我概念　　B. 形象思维

C. 性别认同　　D. 道德判断

5. 欧文创办的幼儿学校是世界上最早(　　)

A. 使用恩物开展教学的学前教育机构

B. 为工人子弟开办的学前教育机构

C. 为贵族子弟开办的学前教育机构

D. 为儿童提供"有准备的环境"的学前教育机构

6. 明明总是跑来跑去,在班级里也非常活跃。他的行为主要反映了其气质的(　　)特征。

A. 趋避性低　　B. 反应阈限高

C. 节律性好　　D. 活动水平高

7. 田田因为想妈妈哭了起来,冰冰见状也哭了。过了一会儿,冰冰边擦眼泪边对田田说:"不哭不哭,妈妈会来接我们的。"冰冰的表现属于(　　)行为。

A. 依恋　　B. 移情

C. 自律　　D. 他律

8. 有些婴幼儿既寻求与母亲接触,又拒绝母亲的爱抚,其依恋类型属于(　　)(易错)

A. 焦虑—回避型　　B. 安全型

C. 焦虑—反抗型　　D. 紊乱型

9. 萌萌怕猫,当她看到青青和小猫一起玩得很开心时,她对小猫的恐惧也降低了。从社会学习理论的视角看,这主要是(　　)形式的学习。

A. 替代强化　　B. 自我强化

C. 操作性条件反射　　D. 经典条件反射

10. 3~6岁儿童运动时,正常脉率高峰区间应是(　　)

A. 90~110次/分　　B. 110~130次/分

C. 130~150次/分　　D. 150~170次/分

二、简答题(本大题共2小题,每小题15分,共30分)

11. 简述社区在幼儿园教育中的作用。

12. 简述幼儿工具性攻击和敌意性攻击的异同。

三、论述题(本大题 1 小题,20 分)

13. 试述幼儿园班级管理工作的主要内容。

四、材料分析题(本大题共 2 小题,每小题 20 分,共 40 分)阅读材料,并回答问题。

14. 材料:

教师为小班幼儿制作了一列“小火车”(见下图),在每节车厢上分别贴了不同品种与数量的“水果”标签,要求幼儿能按标签投放“水果”。

雪儿看看标签,然后往不同的车厢装进与标签品种一样的“水果”,每节车厢都装满了“水果”。

莉莉看着标签,并用手点数标签上的“水果”,嘴里还念着数字,然后拿出相应品种和数量的“水果”放进车厢。

明明看看标签,就取出相应品种和数量的“水果”放进车厢,然后看着车厢里的“水果”,自言自语道:“嗯,都放对了。”

问题:

(1)根据上述三位幼儿各自的表现分析其数学能力发展的水平。(15 分)

(2)该材料对教育的启示是什么?(5 分)

15. 材料:

中班角色游戏中,有幼儿提出要玩“打仗”游戏,他们在材料柜里翻出好久不玩的玩具吹风机当“手枪”、仿真型灯箱当“大炮”,“哒哒哒”地打起来,玩得不亦乐乎,李老师看到此情景非常着急,连忙阻止:“这是理发店的工具,不能这样玩。”

问题:

(1)李老师的阻止行为是否合适?(2 分)请说明理由。(10 分)

(2)如果你是李老师,你会怎么做?(8 分)

五、活动设计题(本大题 1 小题,30 分)

16. 为了帮助小班新入园幼儿尽快适应集体生活,余老师准备开展“高高兴兴上幼儿园”系列主题活动。请围绕该主题为余老师设计三个子活动。

要求:

(1)写出主题活动总目标。(8 分)

(2)写出其中一个子活动的活动方案,包括活动的名称、目标、准备和主要环节。(14 分)

(3)写出另外两个子活动的名称、目标。(每个活动 4 分,共 8 分)

机密★启封前　　　　　　　　　　　　　　　姓名＿＿＿＿＿＿　准考证号＿＿＿＿＿＿

2019年下半年中小学教师资格考试真题试卷(三)

保教知识与能力(幼儿园)

注意事项:

1. 考试时间为120分钟,满分为150分。
2. 请按规定在答题卡上填涂、作答,在试卷上作答无效,不予评分。

一、单项选择题(本大题共10小题,每小题3分,共30分)

在每小题列出的四个备选项中只有一个是符合题目要求的,请用2B铅笔把答题卡上对应题目的答案字母按要求涂黑。错选、多选或未选均无分。

1. 菲儿把一颗小石头放进小鱼缸里,小石头很快就沉到了缸底。菲儿说:"小石头不想游泳了,想休息了。"从这里可以看出,菲儿思维的特点是(　　)(常考)

A. 直觉性　　B. 自我中心性　　C. 表面性　　D. 泛灵论

2. 下列不宜作为幼儿科学领域学习方式的是(　　)

A. 直接感知　　B. 实际操作

C. 亲身体验　　D. 概念解释

3. 下列幼儿行为表现中数概念发展最低的是(　　)

A. 按数取物　　B. 按物说数

C. 唱数　　D. 默数

4. 有时一名幼儿哭会惹得周围的幼儿跟着一起哭。这表明幼儿的情绪具有(　　)

A. 冲动性　　B. 易感染性

C. 外露性　　D. 不稳定性

5. 人的个性心理特征中,出现最早、变化最缓慢的是(　　)

A. 性格　　B. 气质　　C. 能力　　D. 兴趣

6. 在学前教育中进行行动研究的主要目的是(　　)

A. 发现学前教育规律　　B. 解决学前教育实践问题

C. 解释学前教育现象　　D. 构建学前教育理论

7. 养儿防老、光宗耀祖、传宗接代等所体现的观念属于(　　)(易错)

A. 工具主义儿童观　　B. 科学主义儿童观

C. 自然主义儿童观　　D. 人文主义儿童观

8. 在教学过程中,王老师随时观察和评价幼儿的行为表现,并以此为依据调整指导策略,该老师采用的评价方式是(　　)(易混)

A. 诊断性评价　　B. 标准化评价

C. 终结性评价　　D. 形成性评价

9. 缺锌会导致婴幼儿(　　)

A. 食欲减退　　B. 夜盲症　　C. 佝偻病　　D. 肌无力

10. 梅梅和芳芳在玩娃娃家,俊俊走过来说:"我想吃点东西。"芳芳说:"我们正忙呢。"俊俊说:"我来当爸爸炒点菜吧。"芳芳看了看梅梅,说:"好吧,你来吧"。从俊俊的社会性发展来看,下列哪一选项最贴近他的最近发展区(　　)

A. 能够找到一个自己喜欢的玩伴

B. 开始使用一定的策略成功加入游戏小组

C. 在4~5名幼儿的角色游戏中进行合作性互动

D. 能够在角色游戏中讨论装扮的角色行为

二、简答题(本大题共2小题,每小题15分,共30分)

11. 简述经济发展和学前教育发展的关系。

12. 简述幼儿口语表达能力的发展趋势。(常考)

三、论述题(本大题1小题,20分)

13. 试述科学安排幼儿园一日生活的原则。

四、材料分析题(本大题共2小题,每小题20分,共40分)阅读材料,并回答问题。

14. 材料:

小班张老师观察发现,小明和甘甘上楼时都没有借助扶手,而是双脚交替上楼梯;下楼时小明扶着扶手双脚交替下楼梯,甘甘则没有借助扶手,每级台阶都是一只脚先下,另一只脚跟上慢慢下。

问题:

(1)请从幼儿身心发展角度,分析小班幼儿上下楼梯的动作发展特点。(10分)

(2)分析两名幼儿表现的差异及可能原因。(10分)

15. 材料:

几个幼儿正在玩游戏,他们把竹片连接起来,想让乒乓球从一头开始沿竹槽滚动,然后落在一定距离外的竹筒里,游戏过程中,他们遇到了很多困难,如球从竹片间掉落(见图一);竹片连成的"桥"太陡,球怎么也落不到竹筒里(见图二)……他们通过不断努力,终于让球滚到了竹筒里。(图一为左图,图二为右图)

问题:

(1)幼儿可以从上述活动中获得哪些经验?(12分)

(2)请结合材料分析说明。(8分)

五、活动设计题(本大题1小题,30分)

16. 中班下学期,陈老师发现,班上仍有一些幼儿会抢别人的玩具,他们的理由是:"我喜欢这玩具,我要玩。"

要求:

请设计一个教育活动,解决上述问题,要求写出活动名称、活动目标、活动准备及活动过程。

机密★启封前　　　　　　　　姓名＿＿＿＿＿＿　准考证号＿＿＿＿＿＿

2019年上半年中小学教师资格考试真题试卷(四)

保教知识与能力(幼儿园)

注意事项:

1. 考试时间为120分钟,满分为150分。
2. 请按规定在答题卡上填涂、作答,在试卷上作答无效,不予评分。

一、单项选择题(本大题共10小题,每小题3分,共30分)

在每小题列出的四个备选项中只有一个是符合题目要求的,请用2B铅笔把答题卡上对应题目的答案字母按要求涂黑。错选、多选或未选均无分。

1. 幼儿园的双重任务是(　　)(常考)

A. 保教幼儿和服务家长　　B. 看护幼儿和服务家长

C. 培养习惯和传递知识　　D. 保育和教育幼儿

2. 幼儿认真完整地听完教师讲的故事,这一现象反映了幼儿注意的什么特征(　　)

A. 注意的选择性　　B. 注意的广度

C. 注意的稳定性　　D. 注意的分配

3. 小红知道九颗花生吃掉五颗,还剩四颗,却算不出"9－5"等于多少。这说明小红的思维具有(　　)(易混)

A. 具体形象性　　B. 抽象逻辑性　　C. 直观动作性　　D. 不可逆性

4. 按照布卢姆等人教育目标分类的观点,了解青蛙的生长发育过程属于(　　)

A. 情感目标　　B. 认知目标　　C. 动作技能目标　　D. 行为目标

5. 阳阳一边用积木搭火车,一边小心地说:"我要快点搭,小动物们马上就来坐火车了。"这说明幼儿自言自语具有的作用是(　　)(易错)

A. 情感表达　　B. 自我反思　　C. 自我调节　　D. 交流信息

6. 人体各大系统中发育最早的是(　　)

A. 淋巴系统　　B. 生殖系统　　C. 神经系统　　D. 消化系统

7. 教师通常在班级设置许多活动区,提供多层次的活动材料,让幼儿自选。这遵循的心理发展原则是(　　)

A. 阶段性原则　　B. 社会性原则

C. 操作性原则　　D. 差异性原则

8. 幼儿园教师要能接住幼儿抛来的"球",并用恰当的方式把"球"抛回给幼儿,让活动能持续下去,这里所体现的教师角色是(　　)

A. 幼儿学习活动的指导者　　B. 幼儿学习活动的管理者

C. 幼儿学习活动的设计者　　D. 幼儿学习活动的合作者

9. 下列有关幼儿美术教育的做法中,不正确的是(　　)

A. 支持幼儿表达自己对美术作品的独特感受

B. 出示范画让幼儿模仿

C. 鼓励幼儿用自己的方式表现美

D. 为幼儿的美术创作提供丰富的材料

10. 芳芳在数积木,花花问她有几块三角形的,芳芳点数,"1、2、3、4、5、6,6个三角形"。花花又给了她4块,问她现在有多少块三角形积木,芳芳边点数边说:"1、2、3、4、5、6、7、8、9、10,我有10块啦!"就数学领域而言,下列哪一条最贴近芳芳的最近发展区(　　)

A. 认识和命名更多的几何图形

B. 默数、接着数等计数能力

C. 以一一对应的方式数10个以内的物体,并说出总数

D. 通过实物操作进行10以内加、减法的运算能力

二、简答题(本大题共2小题,每小题15分,共30分)

11. 列出幼儿园课程生活化的实施要求并分别举例说明。(易错)

12. 教师可以从哪些方面观察幼儿的注意力是否集中?

三、论述题(本大题1小题,20分)

13. 幼儿园集体教学活动和游戏的涵义分别是什么?(4分)试述两者的区别与联系。(16分)

四、材料分析题(本大题共2小题,每小题20分,共40分)阅读材料,并回答问题。

14. 材料:

教师出示饼干盒,问亮亮里面有什么,亮亮说:"饼干。"教师打开饼干盒,亮亮发现里面装的是蜡笔。教师盖上盖子后再问:"欣欣没看过这个饼干盒,等一会儿我要问欣欣盒子里装的是什么,你猜她会怎么回答?"亮亮很快就说:"蜡笔。"

问题:

(1)亮亮更可能是哪个年龄班的幼儿?(6分)

(2)你判断的依据是什么?(14分)

15. 材料:

在开展"烧烤店"游戏前,大一班的李老师加班加点为幼儿准备了烧烤架、烧烤夹以及各种逼真的"鱼丸""香肠""土豆片"等食材;大二班王老师没有直接投放材料,而是与幼儿商量,支持他们自己去寻找、搜集所需材料。幼儿游戏情景分别见图1(大一班)和图2(大二班)。

图1

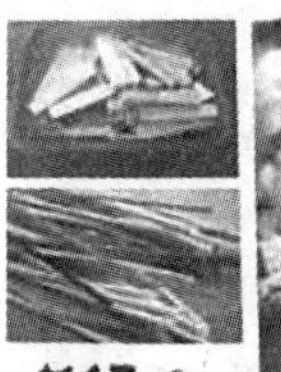
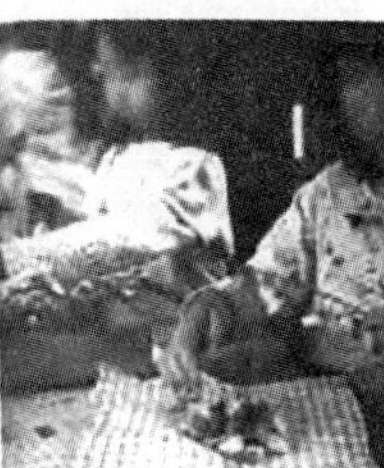

图2

问题:

(1)哪位教师的做法更恰当?(4分)

(2)请分别对两位教师的做法进行评析。(16分)

五、活动设计题(本大题1小题,30分)

16. 最近,大三班许多小朋友用大大小小的纸盒制作小汽车等物品。马老师发现,制作的汽车装饰不太一样,但结构差不多,往往只有车厢、车轮、车灯等。马老师认为可以根据这种情况生成一个"汽车"主题活动,引发幼儿的深度学习。请帮助马老师设计"汽车"主题活动。

要求:

(1)写出主题活动的总目标。(8分)

(2)围绕主题设计三个子活动。写出其中一个子活动的具体活动方案,包括活动名称、目标、准备和主要环节。(14分)

(3)写出另外两个子活动的名称、目标。(每个活动4分,共8分)

机密★启封前　　　　　　　　　　姓名＿＿＿＿＿＿　准考证号＿＿＿＿＿＿

2018 年下半年中小学教师资格考试真题试卷(五)

保教知识与能力(幼儿园)

注意事项:

1. 考试时间为 120 分钟,满分为 150 分。
2. 请按规定在答题卡上填涂、作答,在试卷上作答无效,不予评分。

一、单项选择题(本大题共 10 小题,每小题 3 分,共 30 分)

在每小题列出的四个备选项中只有一个是符合题目要求的,请用 2B 铅笔把答题卡上对应题目的答案字母按要求涂黑。错选、多选或未选均无分。

1. 小班同一个“娃娃家”中,常常出现许多“妈妈”在烧饭,每位幼儿都感到很满足。这反映小班幼儿游戏行为的特点是(　　)

A. 喜欢模仿　　B. 喜欢合作
C. 协调能力差　　D. 角色意识弱

2. 下列针对幼儿个体差异的教育观点,哪种不妥(　　)(常考)

A. 应关注和尊重幼儿不同的学习方式和认知风格
B. 应支持幼儿富有个性和创造性的学习与探索
C. 应确保每位幼儿在同一时间达成同样目标
D. 应对有特殊需要的幼儿给予特别关注

3. 为保护幼儿脊柱,成人应该(　　)

A. 推荐幼儿用单肩背包　　B. 鼓励幼儿睡硬床
C. 组织幼儿从高处往水泥地上跳　　D. 要求幼儿长时间抬头挺胸站立

4. 幼儿园教师应该是(　　)(易错)

A. 幼儿学习的引导者、决策者和管理者　　B. 幼儿学习的支持者、合作者和引导者
C. 幼儿学习的引导者、传授者和控制者　　D. 幼儿学习的管理者、决策者和传授者

5. 婴儿出生大约 6 ~ 10 周后,人脸可以引发其微笑。这种微笑称为(　　)

A. 生理性微笑　　B. 自然微笑　　C. 社会性微笑　　D. 本能微笑

6. 教师在重阳节组织幼儿到敬老院探访老人,这反映幼儿园教育活动内容选择的什么原则(　　)

A. 兴趣性　　B. 时代性　　C. 生活性　　D. 发展性

7. 下列说法中属于蒙台梭利教育观点的是(　　)(常考)

A. 注重感官教育　　B. 注重集体教学作用
C. 重视实物使用　　D. 通过游戏使自由与纪律相协调

8. 教育过程中,教师评价幼儿的适宜做法是(　　)

A. 用统一的标准评价幼儿　　B. 根据一次测评结果评价幼儿
C. 用标准化测评工具评价幼儿　　D. 根据日常观察所获信息评价幼儿

9. 下列表述中,与大班幼儿实物概念发展水平最接近的是(　　)

A. 理解本质特征　　B. 理解功能性特征
C. 理解表面特征　　D. 理解熟悉特征

10. 小班幼儿观察植物时,下列哪条目标最符合他们的发展水平(　　)(易混)

A. 能感知到周围植物的多种多样
B. 会观察记录植物生长变化过程
C. 能察觉到植物外形特征与生存环境的关系
D. 能发现不同种类植物之间差异

二、简答题(本大题共 2 小题,每小题 15 分,共 30 分)

11. 请依据皮亚杰的理论,简述 2 ~ 4 岁儿童思维的特点。

12. 简述幼儿园美育的意义。(易混)

三、论述题(本大题1小题,20分)

13. 什么是幼儿园一日生活常规?(2分)试述培养幼儿一日生活常规的意义和方法。(18分)

四、材料分析题(本大题共2小题,每小题20分,共40分)阅读材料,并回答问题。

14. 材料:

4岁的石头在班上朋友不多,一次,他看见林琳一个人在玩,就冲上去紧紧地抱住林琳。林琳感到不舒服,一把推开石头。石头跺脚大喊:"我是想和你做朋友的啊!"

问题:

(1)请根据上述材料,分析石头在班里朋友不多的原因。(10分)

(2)教师应如何帮助石头改善朋友不多的现状?(10分)

15. 材料:

教师在户外投放一些"拱桥"(见图1),希望幼儿通过走"拱桥"提高平衡能力。但是,有的幼儿却将它们翻过来,玩起了"运病人"游戏(见图2)。他们有的拖、有的推、有的抬……玩得不亦乐乎。对此,两位教师反应不同。A教师认为应立即劝阻,并引导幼儿走"拱桥";B教师认为不应阻止,应支持幼儿的新玩法。

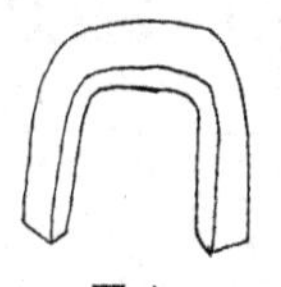

图1

图2

问题:

(1)你更赞同哪位老师的想法?(2分)为什么?(8分)

(2)你认为"运病人"游戏有什么价值?(10分)

五、活动设计题(本大题1小题,30分)

16. 大班下学期,李老师发现幼儿普遍对小学的学习生活不够了解,一些幼儿对上小学有些担心。于是,李老师准备开展"我要上小学"主题活动,希望通过多种形式的活动,增进幼儿对小学生活的了解,帮助幼儿进一步做好入小学的心理准备。

请根据李老师班级情况,设计"我要上小学"的主题活动。

要求:

(1)写出主题活动总目标。(8分)

(2)围绕主题设计三个子活动,写出其中一个子活动的具体活动方案,包括活动名称、目标、准备和主要环节。(14分)

(3)写出另外两个子活动的名称、目标。(每个活动4分,共8分)

机密★启封前　　　　姓名________　准考证号________

2018年上半年中小学教师资格考试真题试卷(六)

保教知识与能力(幼儿园)

注意事项:

1. 考试时间为120分钟,满分为150分。
2. 请按规定在答题卡上填涂、作答,在试卷上作答无效,不予评分。

一、单项选择题(本大题共10小题,每小题3分,共30分)

在每小题列出的四个备选项中只有一个是符合题目要求的,请用2B铅笔把答题卡上对应题目的答案字母按要求涂黑。错选、多选或未选均无分。

1. 关于学前教育任务最准确的表述是(　　)(常考)

A. 促进幼儿智力发展　　B. 促进幼儿身心的快速发展

C. 促进幼儿社会性发展　　D. 促进幼儿身心全面和谐发展

2. 教师在组织中班幼儿歌唱活动中,合理的做法是(　　)

A. 要求幼儿用胸腹式联合呼吸法唱歌　　B. 鼓励幼儿用最响亮的声音唱歌

C. 鼓励幼儿唱八度以上音域的歌曲　　D. 要求幼儿用自然声音唱歌

3. 下列哪一个选项不是婴儿期出现的基本情绪体验(　　)

A. 羞愧　　B. 伤心　　C. 害怕　　D. 生气

4. 在角色游戏中,教师观察幼儿能否主动协商处理玩伴关系,主要考察的是(　　)

A. 幼儿的情绪表达能力　　B. 幼儿的社会交往能力

C. 幼儿的规则意识　　D. 幼儿的思维发展水平

5. 根据埃里克森的心理社会发展理论,1~3岁儿童形成的人格品质是(　　)(易混)

A. 信任感　　B. 主动性

C. 自主性　　D. 自我同一性

6. 教师在区角中投放了多种发声玩具,小班幼儿在摆弄这些玩具时(　　)

A. 能概括不同声音产生的条件　　B. 对声音产生兴趣

C. 能描述出玩具是怎么发声的　　D. 能描述出不同玩具发声的特点

7. 在引导幼儿感知和理解事物“量”的特征时,恰当的做法是(　　)

A. 引导幼儿感知常见事物的大小、高矮、粗细等

B. 引导幼儿识别常见事物的形状

C. 和幼儿一起手口一致地点数物体、说出总数

D. 为幼儿提供“按数取物”的机会

8. 幼儿园艺术教育的主要目标是(　　)

A. 发展幼儿的艺术技能　　B. 培养幼儿的艺术感受和表达能力

C. 丰富幼儿的艺术知识　　D. 拓展幼儿的逻辑思维能力

9. 陶行知创立的培养幼教师资的方法是(　　)(易错)

A. 讲授制　　B. 五指活动

C. 感官教育　　D. 艺友制

10. 皮亚杰的“三山实验”考察的是(　　)

A. 儿童的深度知觉　　B. 儿童的计数能力

C. 儿童的自我中心性　　D. 儿童的守恒能力

二、简答题(本大题共2小题,每小题15分,共30分)

11. 婴幼儿调节负面情绪的主要策略有哪些?(常考)

12. 简述幼儿园教师的工作职责。

三、论述题(本大题1小题,20分)

13. 为什么要让幼儿通过直接感知、实际操作和亲身体验的方式进行学习?请结合实例分别说明。

四、材料分析题(本大题共2小题,每小题20分,共40分)阅读材料,并回答问题。

14. 材料:

李老师第一次带中班,她发现中班幼儿比小班幼儿更喜欢告状。教研活动时,大班教师告诉她说:"中班幼儿确实更喜欢告状,但到了大班,告状行为会明显减少。"

问题:

(1)请分析中班幼儿喜欢告状的可能原因。(10分)

(2)请分析大班幼儿告状行为减少的可能原因。(10分)

15. 材料:

主题活动中,中班幼儿对画汽车产生了兴趣。为了提升幼儿的绘画能力,郭老师提供了"面包车"的绘画步骤图,组织每个幼儿根据步骤画出汽车。

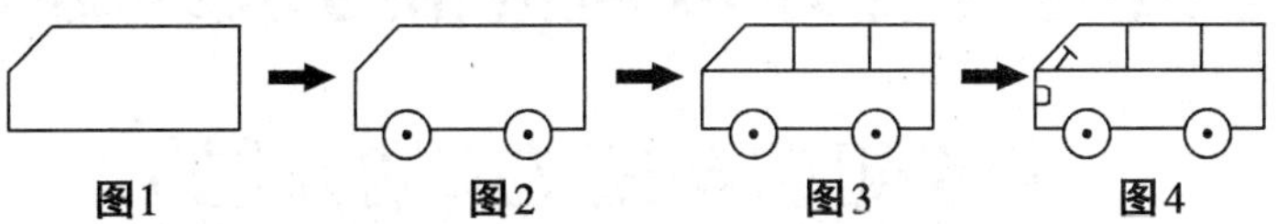

问题:

(1)郭老师是否应该投放绘画步骤图?(2分)为什么?(8分)

(2)如果你是郭老师,你会怎么做?(10分)

五、活动设计题(本大题1小题,30分)

16. 请围绕"春天"为大班幼儿设计主题活动,应包括三个子活动。

要求:

(1)写出主题活动的总目标。(8分)

(2)采用诗歌"春风"(见下面所附诗歌)设计一个具体的语言活动方案,包括活动的名称、目标、准备和主要环节。(14分)

(3)写出另外两个子活动的概要,包括名称目标。(8分)

春风

春风一刮,芽儿萌发。
吹绿了柳树,吹红了山茶。
吹来了燕子,吹醒了青蛙。
吹得小雨轻轻地下,孩子们河边去种瓜。

机密★启封前　　　　姓名＿＿＿＿＿＿　准考证号＿＿＿＿＿＿

2017年下半年中小学教师资格考试真题试卷(七)

保教知识与能力(幼儿园)

注意事项:

1. 考试时间为120分钟,满分为150分。
2. 请按规定在答题卡上填涂、作答,在试卷上作答无效,不予评分。

一、单项选择题(本大题共10小题,每小题3分,共30分)

在每小题列出的四个备选项中只有一个是符合题目要求的,请用2B铅笔把答题卡上对应题目的答案字母按要求涂黑。错选、多选或未选均无分。

1. 如果母亲具有敏感、接纳、合作、易接近等特征,其婴儿容易形成的依恋类型是(　　)(常考)

A. 回避型依恋　　B. 安全型依恋

C. 反抗型依恋　　D. 紊乱型依恋

2. 教师对幼儿说:"不准乱跑,不准插嘴,不准争吵……"这样的话语,所违背的教育原则是(　　)

A. 正面教育　　B. 保教结合

C. 因材施教　　D. 动静交替

3. 下面几种新生儿的感觉中,发展相对最不成熟的是(　　)

A. 视觉　　B. 听觉

C. 嗅觉　　D. 味觉

4. 当教师以"病人"身份进入小班"医院"时,有六位"小医生"同时上来询问病情,每个孩子都积极地为教师看病,打针,忙得不亦乐乎。结果,老师一共被打了六针。对小班幼儿这种游戏行为最恰当的理解是(　　)

A. 过于重视教师的身份　　B. 角色游戏呈现合作游戏的特点

C. 在游戏角色的定位上出现混乱　　D. 角色游戏呈现平行游戏的特点

5. 下列不属于幼儿园教师工作职责的内容是(　　)(易错)

A. 观察了解幼儿,制订教育工作计划　　B. 指导调配幼儿膳食,检查食品卫生

C. 创设良好的教育环境,合理组织教育内容　　D. 与家长保持经常联系,共同完成教育任务

6. 研究儿童自我控制能力和行为的实验是(　　)

A. 陌生情景实验　　B. 点红实验

C. 延迟满足实验　　D. 三山实验

7. 小彤画了一个长了翅膀的妈妈,教师合理的应对方式是(　　)(易混)

A. 让小彤重新画,以使其作品更符合实际

B. 画一个妈妈的形象,让小彤照着画

C. 询问小彤画长翅膀的妈妈的原因,接纳他的想法

D. 对小彤的作品不予评论

8. 对幼儿如厕,教师最合理的做法是(　　)

A. 允许幼儿按需自由如厕　　B. 要求排队如厕

C. 控制幼儿如厕次数　　D. 控制幼儿如厕的间隔时间

9. 一般条件下,(　　)年龄段的幼儿能结合情境理解一些表示因果、假设等关系的相对复杂的句子。

A. 托班　　B. 小班

C. 中班　　D. 大班

10. 皮疹呈向心性分布(即躯干多,面部、四肢较少,手掌、脚掌更少)的疾病是(　　)(易混)

A. 麻疹　　B. 水痘

C. 手足口病　　D. 猩红热

二、简答题(本大题共2小题,每小题15分,共30分)

11. 简述移情对儿童亲社会性行为发展的影响。

12. 为什么幼儿园教育内容要贴近幼儿生活?(常考)

三、论述题(本大题1小题,20分)

13. 什么是幼儿园环境？为什么幼儿园教育中要强调创设良好的幼儿园环境？请联系实际说明。

四、材料分析题(本大题共2小题,每小题20分,共40分)阅读材料,并回答问题。

14. 材料:

开学不久,小班王老师就发现:李虎小朋友经常说脏话。虽然老师多次批评,但他还是经常说,甚至影响其他幼儿也说脏话。

问题:

(1)请分析李虎及其他幼儿说脏话的可能原因。(10分)

(2)王老师可以采取哪些有效的干预措施?(10分)

15. 材料:

操场上新安装了一个投篮架(图1)。幼儿经常在这里玩投篮游戏。一天,几个幼儿带着笔刷和水桶来到这里(图2),他们先是快乐地粉刷投篮架,之后开始往篮筐里灌水,有的从上面灌,有的在下面接,再灌,再接……相互配合,反反复复,忙得不亦乐乎。

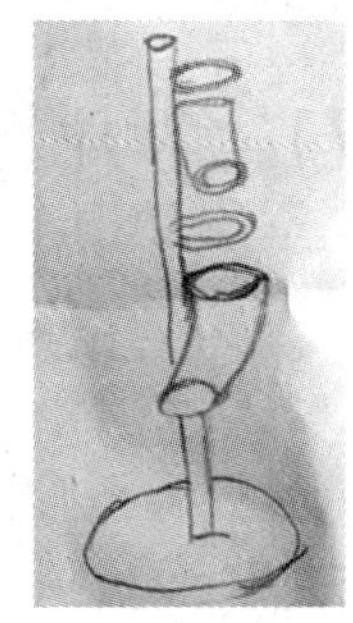
图1

图2

问题:

是否应支持这些幼儿的行为?请说明理由。(20分)

五、活动设计题(本大题1小题,30分)

16. 请围绕“有用的工具”为大班幼儿设计主题活动,应包含三个子活动。

要求:

(1)写出主题活动的总目标。(8分)

(2)写出一个子活动的具体活动方案,包括活动的名称、目标、准备和主要环节。(14分)

(3)写出另外两个子活动的名称、目标。(8分)

机密★启封前　　　　姓名＿＿＿＿＿　准考证号＿＿＿＿＿

2017年上半年中小学教师资格考试真题试卷(八)

保教知识与能力(幼儿园)

注意事项:

1. 考试时间为120分钟,满分为150分。
2. 请按规定在答题卡上填涂、作答,在试卷上作答无效,不予评分。

一、单项选择题(本大题共10小题,每小题3分,共30分)

在每小题列出的四个备选项中只有一个是符合题目要求的,请用2B铅笔把答题卡上对应题目的答案字母按要求涂黑。错选、多选或未选均无分。

1. 下列哪一种活动重点不是发展幼儿的精细动作能力(　　)

A. 扣纽扣　　B. 使用剪刀

C. 双手接球　　D. 系鞋带

2. 生活在不同环境中的同卵双胞胎的智商测试分数很接近,这说明(　　)(易错)

A. 遗传和后天环境对儿童的影响是平行的

B. 后天环境对智商的影响较大

C. 遗传对智商的影响较大

D. 遗传和后天环境对智商的影响相当

3. 午餐时,盘子不小心掉在了地上,看到这一幕的亮亮对教师说:"盘子受伤了,它难过得哭了。"这说明亮亮的思维特点是(　　)(易混)

A. 自我中心　　B. 泛灵论

C. 不可逆　　D. 不守恒

4. 初入园的幼儿常有哭闹、不安等不愉快的情绪,说明幼儿表现出了(　　)(常考)

A. 回避型依恋　　B. 抗拒性格

C. 分离焦虑　　D. 黏液质气质

5. 桌面上一边摆了3块积木,另一边摆了4块积木。教师问:"一共有几块积木?"从幼儿的下列表现来看,数学能力发展水平最高的是(　　)

A. 把3块积木和4块积木放在一起,然后一个一个点数

B. 看了一眼3块积木,说出"3",暂停一下,接着数"4、5、6、7"

C. 左手伸出3根手指,右手伸出4根手指,然后掰手指数出总数

D. 幼儿先看3块积木,后看了4块积木,暂停一下,说"7"块

6. 对幼儿学习品质的正确理解是(　　)

A. 活动过程中的态度和行为倾向　　B. 活动过程中的学习速度

C. 活动过程中的知识积累　　D. 活动过程中的道德品质

7. 幼儿园环境创设中,使用易于识别的生活行为规则标识图,其最主要的目的是(　　)

A. 美化环境　　B. 便于幼儿看图说话

C. 便于幼儿认识各种符号　　D. 便于幼儿习得生活技能和行为准则

8. 教师引导幼儿擤鼻涕的正确方法是(　　)

A. 把鼻涕吸进鼻腔　　B. 先压住一侧鼻孔擤鼻涕,再压住另一侧擤鼻涕

C. 同时捏住鼻背两侧擤　　D. 用手背擦鼻涕

9. 下列最能体现幼儿平衡能力发展的活动是(　　)

A. 跳远　　B. 跑步

C. 投掷　　D. 踩高跷

10. 对杜威"教育即生长"的正确理解是(　　)(常考)

A. 教育以儿童的本能和能力为依据　　B. 儿童的生长以教育目标为依据

C. 教育以促进教师的专业成长为基础　　D. 教育应促进儿童的身体发育

二、简答题(本大题共2小题,每小题15分,共30分)

11. 简述教师观察幼儿行为的意义。

12. 作为幼儿教师,如何在保教活动中营造更好的心理氛围?

三、论述题（本大题 1 小题，20 分）

13. 试述如何在一日生活中实现社会领域的教育目标。（常考）

四、材料分析题（本大题共 2 小题，每小题 20 分，共 40 分）阅读材料，并回答问题。

14. 材料：

莉莉和小娟玩游戏，她们想让 5 个娃娃睡觉。但是没有小床，于是她们找到了 3 个盒子做小床，莉莉说："床不够。"小娟挑出两个留着头发的娃娃说："他们长大了，不需要睡午觉了。"莉莉说："好的。"然后，将三个需要睡觉的娃娃中最大的一个放在最大的盒子里。小娟试图把中等大小的娃娃放在最小的盒子里，但放不进去。于是莉莉说："换一换。"然后将最小的娃娃放在最小的盒子里，中等大的娃娃放在中等大的盒子里。小娟说："娃娃们，好好睡觉吧。"

问题：

(1)从学习与发展的角度，分析上述案例中莉莉和小娟的行为。(10 分)

(2)这次游戏后，教师应当如何支持莉莉和小娟的学习与发展？(10 分)

15. 材料：

教师为了帮助大班的幼儿了解春天的季节特征，同时在其中渗透数学教育，专门制作了一套"春天"的拼图（如图 1）。拼图底板是若干道 10 以内计算题，每一小块图形的正面是春天景色的一部分，背面是计算题的得数（如图 2），教师希望幼儿根据计算题与得数的匹配找到拼图的相应位置。然而，材料投放后，教师却发现许多幼儿不用做计算题就能轻松完成拼图，也未对图片中的季节特征产生观察与探究的兴趣。

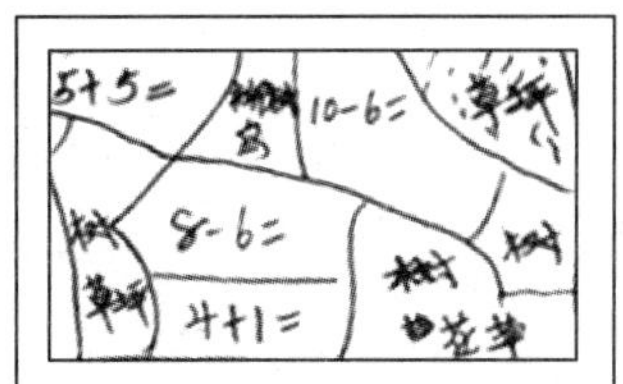

图1 未完成的拼图

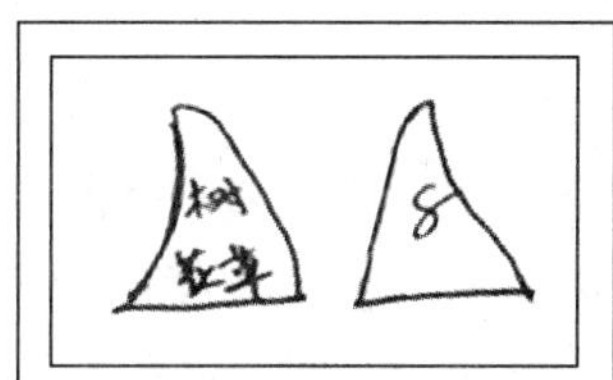

图2 其中一小块图形的正面和反面

问题：

(1) 请从幼儿获得科学经验的角度，分析这一拼图材料的投放，对达成教学目标是否适宜？(2 分)为什么？(4 分)

(2) 该材料在设计上存在什么问题？(10 分)请提出改进建议。(4 分)

五、活动设计题（本大题 1 小题，30 分）

16. 大班教室里收集了纸板箱、鞋盒、牙膏盒、药品盒等数量众多的盒子。

这些大大小小的盒子吸引了幼儿，教师发现很多幼儿利用盒子自发地发生了很多活动，涉及各个领域，于是，决定围绕纸箱、纸盒设计一系列活动来满足、推进幼儿的发展。

请根据以上素材，设计一个大班的能涉及多个领域的系列活动，要求写出 3 个活动的名称、目标、准备以及主要的活动环节。

机密★启封前　　　　　　　　　　　　　　　　姓名____________　准考证号____________

2016年下半年中小学教师资格考试真题试卷(九)

保教知识与能力(幼儿园)

注意事项：

1. 考试时间为120分钟，满分为150分。
2. 请按规定在答题卡上填涂、作答，在试卷上作答无效，不予评分。

一、单项选择题(本大题共10小题，每小题3分，共30分)

在每小题列出的四个备选项中只有一个是符合题目要求的，请用2B铅笔把答题卡上对应题目的答案字母按要求涂黑。错选、多选或未选均无分。

1. 下列玩具，不是从功能角度分类的是(　　)

A. 运动性玩具　　B. 建构玩具

C. 益智玩具　　D. 传统玩具

2. 婴幼儿的“认生”现象通常出现在(　　)(常考)

A. 3～6个月　　B. 6～12个月

C. 1～2岁　　D. 2～3岁

3. 2～6岁儿童掌握的词汇数量迅速增加，词类范围不断扩大，该时期儿童掌握词汇的先后顺序通常是(　　)

A. 动词、名词、形容词　　B. 动词、形容词、名词

C. 名词、动词、形容词　　D. 形容词、动词、名词

4. 风疹病毒的传播途径是(　　)(易混)

A. 肢体接触　　B. 空气飞沫

C. 虫媒传播　　D. 食物传播

5. 青青的妈妈说：“那孩子的嘴真甜！”青青问：“妈妈，您舔过她的嘴吗？”这主要反映青青(　　)

A. 思维的片面性　　B. 思维的拟人性

C. 思维的生动性　　D. 思维的表面性

6. 科学活动中，教师观察到某幼儿能用数字、图表来记录和整理自己观察到的现象，该幼儿最可能的年龄是(　　)

A. 6岁左右　　B. 5岁左右

C. 4岁左右　　D. 3岁左右

7. 最早提出“以儿童的最大利益为首要考虑”这一原则的文件是(　　)

A.《适合儿童生长的世界》　　B.《3～6岁儿童学习与发展指南》

C.《中华人民共和国未成年人保护法》　　D.《儿童权利公约》

8.《幼儿园教师专业标准(试行)》规定，我国幼儿园教师专业标准的基本理念是(　　)(常考)

A. 师德为先、幼儿为本、能力为重、知识为主　　B. 幼儿为本、能力为重、知识为主、终身学习

C. 幼儿为本、师德为先、能力为重、终身学习　　D. 师德为先、幼儿为本、知识为主、终身学习

9. 活动区活动结束了，可晨晨的“游乐园”还没搭完，他跑到老师面前说：“老师，我还差一点就完成了，再给我5分钟，行吗？”老师说：“行，我等你。”一边说，一边指导其他幼儿收拾、整理。该教师的做法体现了幼儿园一日生活安排应该(　　)

A. 与幼儿积极互动　　B. 根据幼儿活动的需求灵活调整

C. 按作息时间按部就班进行　　D. 随时关注幼儿的活动

10. 教师要依据幼儿的个体差异进行教育，下列现象不属于幼儿个体差异表现的是(　　)

A. 某幼儿往常吃饭很慢，今天为了得到教师的表扬，吃得很快

B. 有的幼儿吃饭快，有的幼儿吃饭慢

C. 某幼儿动手能力很强，但语言能力弱于同龄儿童

D. 男孩通常比女孩表现出更多的身体攻击行为

二、简答题(本大题共2小题，每题15分，共30分)

11. 简述幼儿社会学习的指导要点。

12. 父母陪伴对幼儿健康成长有何意义？

三、论述题(本大题1小题,20分)

13. 试述如何做好幼小衔接工作。(常考)

四、材料分析题(本大题共2小题,每题20分,共40分)阅读材料,并回答问题。

14. 材料:

在一项行为实验中,教师把一个大盒子放在幼儿面前,对幼儿说:“这里面有一个很好玩的玩具,一会儿我们一起来玩。现在我要出去一下,你等我回来。我回来前,你不能打开盒子看,好吗?”幼儿回答:“好的!”教师把幼儿单独留在房间里面。下面是两名幼儿在接下来的两分钟独处时的不同表现:

幼儿一:眼睛一会儿看墙角,一会儿看地上,尽量让自己不看面前的盒子。小手一直放在腿上。教师再次进来问:“你有没有打开盒子看?”幼儿说:“没有。”

幼儿二:忍了一会,禁不住打开盒子偷偷看了一眼。教师再次进来问:“你有没有打开盒子?”幼儿说:“没有,这个玩具不好玩。”

问题:

分析上述材料中两名幼儿各自表现出的行为特点。(20分)

15. 材料:

打针

聚餐

吃饭

问题:

(1)上述三幅画各反映出幼儿绘画的哪种表现方式?(6分)

(2)怎样理解幼儿的绘画?(4分)

(3)评价幼儿绘画时应注意什么问题?(10分)

五、活动设计题(本大题1小题,30分)

16. 周一早晨户外活动,幼儿们被园子里五颜六色的花吸引了,有的在指认花的颜色,红的、黄的、白的、紫的;有的在数花瓣,三瓣、五瓣、六瓣的;有的在争论花的名字。他们发现有的花朵长得一样,但颜色不一样;有的花朵有香味,有的花朵没有香味……户外活动时间结束了,幼儿还一直很兴奋地谈论着……

请根据上面的素材,设计大班主题活动方案,要求写出主题活动名称,主题活动总目标,2个子活动。每个子活动包括:活动名称、活动目标、活动准备和活动过程的主要环节。

机密★启封前　　　　姓名＿＿＿＿＿　准考证号＿＿＿＿＿

2016年上半年中小学教师资格考试真题试卷(十)

保教知识与能力(幼儿园)

注意事项:

1. 考试时间为120分钟,满分为150分。
2. 请按规定在答题卡上填涂、作答,在试卷上作答无效,不予评分。

一、单项选择题(本大题共10小题,每小题3分,共30分)

在每小题列出的四个备选项中只有一个是符合题目要求的,请用2B铅笔把答题卡上对应题目的答案字母按要求涂黑。错选、多选或未选均无分。

1. 一名幼儿画小朋友放风筝,将小朋友的手画得很长,几乎比身体长了3倍。这说明幼儿绘画的特点具有(　　)

A. 形象性　　B. 抽象性　　C. 象征性　　D. 夸张性

2. 1岁半的儿童想给妈妈吃饼干时,会说"妈妈""饼""吃",并把饼干递过去。这表明该阶段儿童语言发展的一个主要特点是(　　)(常考)

A. 电报句　　B. 完整句　　C. 单词句　　D. 简单句

3. 一名4岁幼儿听到教师说"一滴水,不起眼",结果他理解成了"一滴水,肚脐眼"。这一现象主要说明幼儿(　　)

A. 听觉辨别力较弱　　B. 想象力丰富

C. 语言理解凭借自己的具体经验　　D. 理解语言具有随意性

4. 在商场4~5岁的幼儿看到自己喜爱的玩具时,已不像2~3岁那样吵着要买,他能听从成人的要求,并用语言安慰自己:"家里有许多玩具了,我不买了。"对这一现象最合理的解释是(　　)

A. 4~5岁幼儿形成了节约的概念　　B. 4~5岁幼儿的情绪控制能力进一步发展

C. 4~5岁幼儿能够理解玩其他玩具同样快乐　　D. 4~5岁幼儿自我安慰的手段有了进一步发展

5. 下雨走在被车碾压过的泥泞路上,晓雪说:"爸爸,地上一道一道的是什么呀?"爸爸说:"是车轮压过的泥地儿,叫车道沟。"晓雪说:"爸爸脑门儿上也有车道沟(指皱纹)。"晓雪的说法体现的幼儿思维特点是(　　)

A. 转导推理　　B. 演绎推理

C. 类比推理　　D. 归纳推理

6. 幼儿突然出现剧烈咳嗽,伴有呼吸困难,面色青紫。这种情况最可能是(　　)(易错)

A. 急性肠胃炎　　B. 异物落入气管　　C. 急性喉炎　　D. 支气管哮喘

7. 教师拟定教育活动目标时,以幼儿现有发展水平与可以达到水平之间的距离为依据。这种做法体现的是(　　)

A. 维果斯基的最近发展区理论　　B. 班杜拉的观察学习理论

C. 皮亚杰的认知发展论　　D. 布鲁纳的发展教学法

8. 教师在幼儿书写准备的指导中,不恰当的做法是(　　)(易错)

A. 用图画和符号表达自己的愿望和想法　　B. 书写自己的名字

C. 养成正确的写画姿势　　D. 学习书写常见汉字

9. 为了让幼儿在户外运动中一物多玩,最适宜的做法是(　　)

A. 教师集体示范　　B. 幼儿自主探究　　C. 教师分组讲解　　D. 教师逐一训练

10. 在"秋天的树"美术活动中,教师不适宜的做法是(　　)

A. 让幼儿按照教师的范画绘画　　B. 组织幼儿观察幼儿园的树

C. 提供各种树的照片,组织幼儿讨论　　D. 引导幼儿观察有关树的名画

二、简答题(本大题共2小题,每题15分,共30分)

11. 影响在园幼儿同伴交往的因素有哪些?(常考)

12. 从儿童发展角度,简述幼儿户外运动的价值。

三、论述题(本大题1小题,20分)

13. 试述教师尊重幼儿个体差异的意义与举措。(易错)

四、材料分析题(本大题共2小题,每题20分,共40分)阅读材料,并回答问题。

14. 材料:

3岁的阳阳,从小跟着奶奶生活在一起。刚上幼儿园时,奶奶每次送他到幼儿园准备离开时,阳阳总是又哭又闹。当奶奶的身影消失后,阳阳很快就平静下来,并能与小朋友高兴地玩。由于担心,奶奶每次走后又折返回来。阳阳再次看到奶奶时,又立刻抓住奶奶的手,哭泣起来。

问题:

针对上述现象,请结合材料进行分析。

(1)阳阳的行为反映了幼儿情绪的哪些特点?(10分)

(2)阳阳奶奶的担心是否有必要?(2分)教师该如何引导?(8分)

15. 材料:

角色游戏中,大(2)班在教室里开展理发店主题游戏,教师为了提升幼儿的游戏水平,主动为幼儿制作了理发店价目表(见下表)。

理发店价目表

美发区	美容区
洗发10元	牛奶洗脸10元
剪发10元	美白面膜15元
烫发30元	造型设计20元
染发30元	身体按摩20元

问题:

请结合你对角色游戏的理解,分析教师提供价目表这一做法是否适宜,并提出建议。(20分)

五、活动设计题(本大题1小题,30分)

16. 大班的胡老师为幼儿提供了各种吹泡泡的工具,有吹管、铁丝绕成的圈、塑料吹泡泡棒等(见下图),让幼儿在户外活动时自己吹泡泡玩。幼儿在吹泡泡的时候,有的能吹出很大的泡泡,有的只能吹出小泡泡,有的能一次性吹出好多个泡泡,有的一次只能吹出一个泡泡。结果有的幼儿得意,有的幼儿沮丧。针对上述现象,胡老师打算组织一个科学教育活动,以引发幼儿深入探究的兴趣,并使幼儿了解不同吹泡泡工具与吹出的泡泡之间的关系。

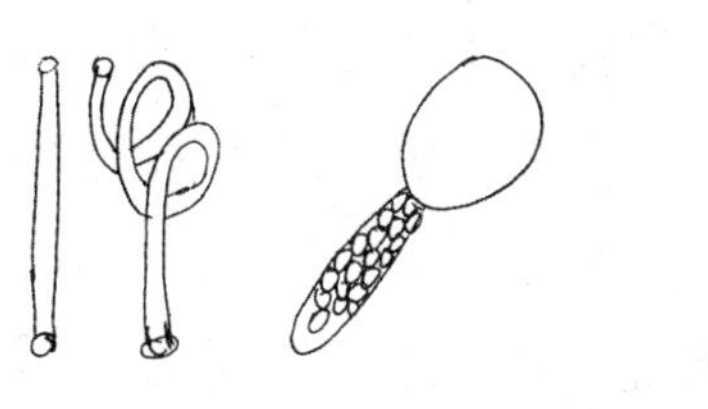

请根据以上素材设计一个大班科学活动,要求写出活动名称、活动目标、活动准备、活动过程。

机密★启封前　　　　姓名＿＿＿＿＿＿　准考证号＿＿＿＿＿＿

国家教师资格考试预测试卷(十一)

保教知识与能力(幼儿园)

注意事项:

1. 考试时间为 120 分钟,满分为 150 分。
2. 请按规定在答题卡上填涂、作答,在试卷上作答无效,不予评分。

一、单项选择题(本大题共 10 小题,每小题 3 分,共 30 分)

在每小题列出的四个备选项中只有一个是符合题目要求的,请用 2B 铅笔把答题卡上对应题目的答案字母按要求涂黑。错选、多选或未选均无分。

1. 一个 4 岁的儿童把"一条裤子"说成了"一双裤子",这种语言现象称为(　　)

A. 单词句现象　B. 双词句现象　C. 电报句现象　D. 造词现象

2. 在布置自然角时,让幼儿讨论决定饲养何种动物。这遵循了幼儿园环境创设的(　　)

A. 目标导向原则　B. 发展适宜性原则

C. 幼儿参与原则　D. 经济性原则

3. 幼儿根据《猫和老鼠》的故事,运用不同的道具扮演各种角色。幼儿玩的是(　　)

A. 角色游戏　B. 感觉机能性游戏

C. 表演游戏　D. 结构游戏

4. 为心脏停止跳动的幼儿进行胸外心脏按压时,每分钟按压的次数是(　　)

A. 40 ~ 60 次　B. 60 ~ 80 次

C. 100 次　D. 120 次

5. 研究者通过感官或一定的仪器设备,有目的、有计划地观察儿童的心理和行为表现的方法是(　　)

A. 访谈法　B. 问卷法　C. 观察法　D. 实验法

6. 某幼儿突然出现高热、腹痛、腹泻,一日腹泻数次,总有大便排不干净的感觉,且大便内有黏液及脓血。该幼儿可能患了(　　)

A. 急性胃炎　B. 细菌性痢疾

C. 中毒型痢疾　D. 急性肠炎

7. 某幼儿计算一加一等于二时,需要在脑子里想一下昨天妈妈给了一根棒棒糖,爸爸也给了一根棒棒糖,加起来就是两根棒棒糖,这说明该幼儿的思维属于(　　)

A. 直观行动思维　B. 抽象逻辑思维

C. 具体形象思维　D. 直观感知思维

8. 幼儿看多了电视上的打打杀杀的镜头,很容易增加其以后的攻击性行为。这体现了影响幼儿攻击性行为的因素主要是(　　)

A. 挫折　B. 榜样　C. 强化　D. 惩罚

9. 小佳的家人对她十分宠爱,而小佳本人生性柔弱,做事喜欢磨蹭。一天,老师因为她做手工磨蹭而批评她,小佳无法接受哭了很久,也不愿去上学了。从气质特征的类型上看,小佳的气质偏重于(　　)

A. 多血质　B. 黏液质　C. 抑郁质　D. 胆汁质

10. 幼儿在比较两个物体时,能力发展的顺序是(　　)

A. 相同处—不同处—相似处　B. 相似处—相同处—不同处

C. 不同处—相似处—相同处　D. 不同处—相同处—相似处

二、简答题(本大题共 2 小题,每小题 15 分,共 30 分)

11. 简述幼儿期攻击行为的特点。

12. 简述陶行知的教育思想和教育贡献。

三、论述题(本大题 1 小题,20 分)

13. 试述幼儿具体形象思维的表现特点。

四、材料分析题（本大题共 2 小题，每小题 20 分，共 40 分）阅读材料，并回答问题。

14. 材料：

区域游戏活动结束音乐响起，有的幼儿迅速收拾自己的游戏材料，有的幼儿还在专注地玩着。动作迅速的竹竹跑到老师身边说："老师，我收拾好了。"王老师看了看，竹竹不仅收拾好了玩具，还分类摆放好了，连忙对他说："竹竹，你真棒！"小朋友们听到后边拍手边齐声说道："嘿，嘿，你真棒！"旁边的黄老师补充道："竹竹的游戏材料不仅收拾得快，还归类摆放好了，真棒！"

问题：

(1)根据以上材料，分析两位老师的评价语言的效果。(8 分)

(2)结合工作实际，试述教师在评价幼儿时，应注意哪些问题。(12 分)

15. 材料：

两个幼儿正在积木区玩小车，一辆接着一辆排了很长。老师发现幼儿的排列没有规律，就立即让幼儿按照车的颜色和大小摆成一个停车场，想让幼儿练习分类。实际上幼儿正在布置马路上的堵车情景，被老师干预后只好根据老师的要求进行排列，刚排了几辆，随着老师的离开，幼儿也离开了。

问题：

(1)请分析一下材料中教师的行为。(8 分)

(2)谈一谈幼儿游戏时教师应如何实现有效的指导。(12 分)

五、活动设计题（本大题 1 小题，30 分）

16. 前几天班级里有个小朋友带来了《动物知识小百科》书籍，孩子们纷纷围着他，翻看里面的动物图片，还时不时发出惊讶的叫声："哇！这是恐龙。""快看，这里有鲨鱼。""咦？这是什么动物？""老师，这个动物模样长得真奇怪。"由此可见孩子们对动物世界充满了好奇，然而在现实中的动物，尤其是野生动物，他们不能时时接触，充分了解。为了激发孩子进一步自主探索动物的愿望，使孩子不但喜爱动物，还能自觉地关爱动物、善待动物，徐老师准备以"动物世界"为主题开展系列主题活动。

请围绕该主题为徐老师设计三个子活动。

要求：

(1)写出主题活动总目标。

(2)写出其中一个子活动的活动方案，包括活动的名称、目标、准备和主要环节。

(3)写出另外两个子活动的名称、目标。

机密★启封前　　　　姓名________　准考证号________

国家教师资格考试预测试卷(十二)

保教知识与能力(幼儿园)

注意事项:

1. 考试时间为120分钟,满分为150分。
2. 请按规定在答题卡上填涂、作答,在试卷上作答无效,不予评分。

一、单项选择题(本大题共10小题,每小题3分,共30分)

在每小题列出的四个备选项中只有一个是符合题目要求的,请用2B铅笔把答题卡上对应题目的答案字母按要求涂黑。错选、多选或未选均无分。

1. 幼儿经常把动物或一些物体当人来对待,如经常看见幼儿和花儿说话。这体现出幼儿具体形象思维的(　　)特点。

A. 具体性　　B. 形象性　　C. 经验性　　D. 拟人性

2. 为了解幼儿同伴交往的特点,研究者深入幼儿所在的班级,详细记录其交往过程的语言和动作等。这一研究方法属于(　　)

A. 访谈法　　B. 实验法　　C. 观察法　　D. 作品分析法

3. 下列做法体现师幼关系平等的是(　　)

A. 教师制止幼儿将材料搬出区域　　B. 教师蹲下来快速对幼儿提出要求

C. 教师在幼儿游戏时督促其遵守规则　　D. 教师用幼儿能理解的语言及时回应

4. 导致幼儿缺铁性贫血最重要的原因是(　　)

A. 先天储血不足　　B. 饮食中铁的摄入量不足

C. 生长发育快　　D. 疾病的影响

5. 茜茜告诉妈妈,老师说明天拍视频要穿得漂亮一点。妈妈第二天问老师时,老师说没有这件事情,只是带小朋友们观看六一晚会的视频。这个现象说明茜茜(　　)

A. 想象与现实混淆　　B. 没有理解老师的意思

C. 想象过于夸张　　D. 想穿漂亮的衣服而撒谎

6. 儿童在游戏中玩出新玩法,这体现游戏可以促进儿童的(　　)

A. 创造力发展　　B. 语言发展　　C. 身体发展　　D. 情感发展

7.《幼儿园教师专业标准(试行)》对教师专业知识方面的要求不包括(　　)

A. 了解幼儿在发展水平、速度与优势领域等方面的个体差异,掌握对应的策略与方法

B. 了解幼儿发展中容易出现的问题与适宜的对策

C. 了解有特殊需要幼儿的身心发展特点及教育策略与方法

D. 具有良好的职业道德修养,为人师表

8. 某幼儿表现出相互矛盾的依恋行为,在陌生的环境中显得困惑和不安,对陌生情境不能很好适应,该幼儿的依恋类型是(　　)

A. 安全型　　B. 回避型　　C. 反抗型　　D. 困难型

9. 下列教育案例中运用了"最近发展区"理论的是(　　)

A. 3岁的小军在妈妈的指导下,逐渐学会了自己叠衣服

B. 小海的妈妈希望他长大后成为一名科学家

C. 小明的实际身高和同龄男孩的平均身高有差距

D. 5岁的小丽能够背诵近百首唐诗

10. 以下关于儿童语言发展的阐述中,正确的是(　　)

A. 儿童大概3岁左右就能掌握本民族的全部语音

B. 儿童要掌握语音,必须先听懂语音,然后才能说出语音

C. 维果斯基将儿童的言语划分为自我中心言语和社会化言语两大类

D. 外部言语包括口头言语和自我中心言语

二、简答题(本大题共2小题,每小题15分,共30分)

11. 简述幼儿亲社会行为发展的阶段。

12. 简述游戏对幼儿社会性发展的作用。

三、论述题(本大题1小题,20分)

13. 试述构建良好师幼关系的意义。

四、材料分析题(本大题共2小题,每小题20分,共40分)阅读材料,并回答问题。

14. 材料:

某幼儿园的区角活动创设很有特色。每个班里都至少有7~8个区域供孩子分组探索活动,有小菜市场、智力活动区、科学活动区、动手操作区、表演区、音乐活动区、语言区等,内容非常丰富。但仔细看才发现:语言区里幼儿用来排图讲述的图片已经积了一层灰,而且排得过于整齐;智力活动区里的几幅塑封好的拼图无人问津,原因是这些材料太难了,该班幼儿不感兴趣。

问题:

(1)请从幼儿园环境创设的角度,评析该幼儿园区域环境创设中存在的主要问题。(12分)

(2)请为该幼儿园的环境创设提出针对性建议。(8分)

15. 材料:

有一次,洋洋和硕硕在分配角色时发生了争执,洋洋要硕硕当妈妈,硕硕说:“不,妈妈是女的,我是男的,不行!”洋洋也不让步,说:“这是假装,又不是真的。”“假装也不行,我就不当!”硕硕坚定地说。“不当就不和你玩了。”硕硕一听不和他玩了,急得眼泪都快流出来了。我问:“洋洋,你们玩什么游戏呢?”“就是娃娃家,我当爸爸,他当妈妈。”“可是硕硕不愿意当妈妈怎么办?就只剩下你们两个人了,他要是不玩,你一个人怎么玩啊?”我问。“老师,那你说怎么办?”“我也不知道,你不愿意换角色,他不愿意当妈妈,那就没法玩了呗。”洋洋想了想,对硕硕说:“要不我当爸爸,你当叔叔,王老师当妈妈吧。”得到硕硕的同意后,我们三人玩起了娃娃家游戏。小小的风波,让孩子学会了合作,懂得了谦让。

问题:

(1)材料中幼儿开展的是何种类型的游戏,这种游戏有何特点?(10分)

(2)材料中幼儿的游戏出现了什么问题,教师应如何指导?(10分)

五、活动设计题(本大题1小题,30分)

16. 最近班上幼儿家长普遍反映:孩子解大便困难,在家水果蔬菜也不吃。蔡老师准备以“水果蔬菜”为主题开展系列活动,激发幼儿对蔬菜水果产生兴趣,了解吃蔬菜水果的益处,让家长们不再苦恼,让孩子们吃蔬菜水果不再困难。

请围绕该主题为蔡老师设计三个子活动。

要求:

(1)写出主题活动总目标。

(2)写出其中一个子活动的活动方案,包括活动的名称、目标、准备和主要环节。

(3)写出另外两个子活动的名称、目标。

机密★启封前　　姓名＿＿＿＿＿＿　准考证号＿＿＿＿＿＿

国家教师资格考试预测试卷(十三)

保教知识与能力(幼儿园)

注意事项:

1. 考试时间为120分钟,满分为150分。
2. 请按规定在答题卡上填涂、作答,在试卷上作答无效,不予评分。

一、单项选择题(本大题共10小题,每小题3分,共30分)

在每小题列出的四个备选项中只有一个是符合题目要求的,请用2B铅笔把答题卡上对应题目的答案字母按要求涂黑。错选、多选或未选均无分。

1. 丽丽的脚扭伤了,首先需要处理的是对患处进行(　　)

A. 热敷　B. 冷敷　C. 药敷　D. 揉搓

2. 儿童数概念的形成,经历的四个阶段分别是(　　)

A. 口头数数——→按数取物——→给物说数——→掌握数概念

B. 口头数数——→给物说数——→按数取物——→掌握数概念

C. 按数取物——→口头数数——→给物说数——→掌握数概念

D. 按数取物——→给物说数——→口头数数——→掌握数概念

3. 小伟看见妈妈将玩偶熊随手扔在沙发上,十分紧张地说道:“你把小熊摔疼了。”根据皮亚杰的认知发展阶段理论,这体现了儿童在前运算阶段的(　　)特点。

A. 泛灵论　B. 自我中心　C. 集体独白　D. 思维不可逆性

4. 能正确辨别基本颜色,但还不能正确命名的年龄阶段是(　　)

A. 1岁儿童　B. 1.5岁儿童

C. 2岁儿童　D. 3岁儿童

5. 小红看见小龙帮助他人后获得了“小雷锋”的称号,于是她也主动帮助别人,此时,小红受到了(　　)

A. 替代强化　B. 外部强化　C. 直接强化　D. 自我强化

6. 幼儿园中班集体活动一般时长为20~25分钟,这是因为中班幼儿有意注意的时间一般为(　　)

A. 3~5分钟左右　B. 10分钟左右

C. 15分钟左右　D. 20分钟左右

7. 教师在引导幼儿感知和理解事物“量”的特征时,恰当的做法是(　　)

A. 引导幼儿感知常见事物的大小、高矮、粗细等

B. 引导幼儿识别常见事物的形状

C. 和幼儿一起点数物体,一致说出总数

D. 为幼儿提供按数取物的机会

8. 幼儿绘画时,总认为是客观存在的东西就必须把它画出来,其视线就像X光一样能穿透任何东西似的。这种表现称为(　　)

A. 拟人化　B. 透明式　C. 展开式　D. 夸张法

9. 4~5岁幼儿感知和理解数的关系,要达到的目标是(　　)

A. 能手口一致地点数5以内的物体,并能说出总数

B. 能通过实际操作理解数与数之间的关系,如5比4多1;2和3合在一起是5

C. 能通过实物操作或其他方法进行10以内的加减运算

D. 能用数词描述事物或动作

10. 贝贝上幼儿园与妈妈分开后就开始哭了起来,情绪稳定后依然很忧伤,傍晚妈妈来接她时,对妈妈的安慰也表现出抵触的情绪。这种行为属于(　　)

A. 焦虑—回避型依恋　B. 安全型依恋

C. 焦虑—反抗型依恋　D. 紊乱型依恋

二、简答题(本大题共2小题,每小题15分,共30分)

11. 根据《幼儿园教师专业标准(试行)》,简述幼儿园教师进行保育和教育的态度与行为。

12. 简述幼儿园科学领域的教育目标。

三、论述题(本大题 1 小题,20 分)

13. 试述幼儿个体差异形成的原因。

四、材料分析题(本大题共 2 小题,每小题 20 分,共 40 分)阅读材料,并回答问题。

14. 材料:

大班的洋洋想玩“开奖”游戏,他画了很多奖券,还大声叫嚷:“快来摸奖呀!特等奖自行车一辆!”童童在洋洋那里摸到了特等奖,洋洋推给他一把小椅子,告诉他:“给你,自行车!”童童高兴地骑上去。强强也来了,也在洋洋那里摸到了特等奖,洋洋还是推给他一把椅子,强强也很高兴地骑上去,两脚模仿着踩踏板的动作,蹬个不停。老师也来了,洋洋高兴地让老师摸奖,结果老师也摸到一个特等奖。洋洋迫不及待地把一个椅子推给老师,还说道:“恭喜恭喜,你摸到一辆自行车!”可是,老师却说:“你这自行车一点也不像,怎么没有轮子呀,应该给它装上轮子!”洋洋低头看着自己的“自行车”,愣住了。在接下来的时间里,洋洋忙着按老师说的给他的自行车装上“轮子”,开奖活动不得不停了下来……

问题:

(1)老师对洋洋游戏的干预合适吗?请根据洋洋的游戏方式进行分析和判断。(12 分)

(2)请为老师的指导提出合理化建议。(8 分)

15. 材料:

区域活动开始时,阳阳选择的是用打气筒打气的游戏,沐子高高兴兴地来到阳阳的身边,问:“阳阳,我和你一起玩好吗?”阳阳毫不客气地说:“不行。”并转身招呼其他孩子一起玩。沐子的笑容没有了,嘟起小嘴,眼泪吧嗒吧嗒地往下掉。徐老师走到沐子身边询问情况,沐子说:“我喜欢阳阳,想和他一起玩,可他不让……”老师抱着沐子说:“你被阳阳拒绝了,心里难受是吗?”沐子哭着说:“是的,我还想和阳阳一起玩……”徐老师继续抱着沐子,直到他的情绪逐渐平稳,不再哭泣。

问题:

(1)结合上述材料,分析教师的教育行为是否恰当,并说明理由。(12 分)

(2)请提出促进沐子和阳阳同伴交往的策略。(8 分)

五、活动设计题(本大题 1 小题,30 分)

16. 马上大班的孩子就要毕业了,他们即将进入小学,独自上学、回家。李老师担心孩子们对交通标志还不太了解,准备为孩子们上一节有关交通标志的教学活动课。

要求:

请根据大班幼儿的年龄特点,以“有趣的标志”为主题,帮助李老师设计一节教学活动,要求写出活动名称、活动目标、活动准备和活动过程。

机密★启封前　　　　姓名＿＿＿＿＿＿　准考证号＿＿＿＿＿＿

国家教师资格考试预测试卷(十四)

保教知识与能力(幼儿园)

注意事项:

1. 考试时间为120分钟,满分为150分。
2. 请按规定在答题卡上填涂、作答,在试卷上作答无效,不予评分。

一、单项选择题(本大题共10小题,每小题3分,共30分)

在每小题列出的四个备选项中只有一个是符合题目要求的,请用2B铅笔把答题卡上对应题目的答案字母按要求涂黑。错选、多选或未选均无分。

1. 幼儿园中班的小凡看见同伴把幼儿园的小椅子全部推倒了,于是他就跑去向老师告状,小凡的行为主要是受(　　)的激发。

A. 理智感　　B. 道德感

C. 美感　　D. 正义感

2. 何老师将两组同样多的扣子,都展开排列成同样的长度,这时明明就会认为两组扣子一样多,但当何老师将一组扣子展开摆放,而另一组扣子堆起来放,明明就会认为展开摆放的一组扣子多。按照皮亚杰的观点,此时明明的认知发展处于(　　)

A. 感知运动阶段　　B. 前运算阶段

C. 具体运算阶段　　D. 形式运算阶段

3. 幼儿园的双重任务是(　　)

A. 保教幼儿和服务家长

B. 看护幼儿和服务家长

C. 培养习惯和传递意识

D. 保育和教育幼儿

4. 为了更好地引导幼儿认识自然,增加知识和发展能力,德国著名幼儿教育学家(　　)在幼儿园教育实践中创制了一套供幼儿使用的活动玩具——恩物。

A. 赫尔巴特　　B. 福禄贝尔

C. 夸美纽斯　　D. 第斯多惠

5. 上课时老师说:"看,小刚坐得多直!"顿时就有许多幼儿挺起腰来坐直,而不必逐个点名叫他们坐直。这体现了幼儿性格(　　)的特点。

A. 好奇心强　　B. 易冲动

C. 活泼好动　　D. 爱模仿

6. 在体育活动中,教师不仅要观察幼儿动作发展的情况,还要善于进行设计和指导,让每位幼儿每天都有机会进行使用大肌肉和小肌肉的活动。下列活动中,属于发展幼儿小肌肉动作的活动是(　　)

A. 用手指拾起豆子

B. 走高度、宽度适宜的平衡木

C. 投掷"沙包"练习

D. 模仿动物走

7. 根据《3~6岁儿童学习与发展指南》的规定,3~6岁的儿童应具有一定的平衡能力,动作协调、灵敏。下列不属于3~4岁儿童动作发展的要求是(　　)

A. 能沿地面直线或在较窄的低矮物体上走一段距离

B. 能双脚灵活交替上下楼梯

C. 能躲避他人滚过来的球或扔过来的沙包

D. 分散跑时能躲避他人的碰撞

8. 三岁的乐乐看事物只会看到表面,例如看见花朵,她就只能简单地描述花的颜色和形状,至于花是如何生长、不同的花之间有何区别,这个阶段的乐乐并不知道,这表明幼儿的思维特征之一是(　　)

A. 思维的具体形象性

B. 思维的抽象逻辑性开始萌芽

C. 言语在幼儿思维发展中的作用日益增强

D. 思维具有个体差异性

9. 皮亚杰将儿童的言语分为自我中心言语和社会化言语,其中社会化言语包括适应性告知,批评和嘲笑,(　　)以及问题与回答。

A 命令、请求和威胁　　B. 外部语言

C. 内部语言　　D. 外部语言和内部语言

10. 小红上课爱开小差,时常听着课就走神去想别的事物。小红的这种现象体现了(　　)

A. 注意的转移　　B. 注意的分散

C. 注意的分配　　D. 注意的集中

二、简答题(本大题共2小题,每小题15分,共30分)

11. 简述如何在实践中提高幼儿的言语能力。

12. 简述幼儿初期(3~4岁)的心理特点。

三、论述题(本大题1小题,20分)

13. 试述幼儿教育对个体发展的意义。

四、材料分析题(本大题共2小题,每小题20分,共40分)阅读材料,并回答问题。

14. 材料:

周一上午,中(2)班幼儿一到班级就发现活动室四周挂满了彩带和红灯笼,孩子们高兴极了,在活动室里追逐起来。穿着红色新裙子的王老师开始上公开课了,只见平平盯着头顶上摇动的红灯笼,红红跟兰兰小声议论着王老师的新裙子,明明和东东聊着刚才的游戏,看到这一情景,王老师时不时地停止活动,提醒孩子们。为了完成教学任务,王老师匆匆走完了活动流程。活动结束后,王老师认为今天的活动没组织好。

问题:

(1)从注意影响因素的角度,分析本次活动未达到预期效果的原因。(8分)

(2)对本次活动提出改进建议。(12分)

15. 材料：

郭老师为幼儿园新创设了活动区“美美理发店”，有一天，理发师晨晨忙着给“顾客”丽丽剪头发，由于“理发店”只有一位顾客，“理发师”妮妮则拿着“剪刀”呆呆地坐在椅子上发愣，郭老师在旁看了一会儿走了。突然晨晨跑过来对郭老师说：“老师，我没有电吹风给客人吹头发。”郭老师回应说：“没有电吹风，你可以干别的啊！”一段时间以来，“理发师”们就只会给顾客剪头发，“顾客”渐渐地少了。最后“理发师”们因无人光顾纷纷离开了“理发店”，郭老师见状，无奈地将“理发店”撤掉了。

问题：

(1)请从幼儿游戏的支持与指导角度分析材料中教师的教育行为。(6 分)

(2)针对材料中教师的教育行为提出合理建议。(14 分)

五、活动设计题(本大题 1 小题,30 分)

16. 小班幼儿对周围世界充满了强烈的好奇心，且具有强烈的求知欲。张老师认为，培养幼儿的探索精神可以从幼儿自己的身体开始。因此，张老师准备以“我的身体”为主题开展系列主题活动。

请围绕该主题为张老师设计三个子活动。

要求：

(1)写出主题活动总目标。

(2)写出其中一个子活动的活动方案，包括活动的名称、目标、准备和主要环节。

(3)写出另外两个子活动的名称、目标。

机密★启封前　　　　姓名____________　准考证号____________

国家教师资格考试预测试卷(十五)

保教知识与能力(幼儿园)

注意事项:

1. 考试时间为120分钟,满分为150分。
2. 请按规定在答题卡上填涂、作答,在试卷上作答无效,不予评分。

一、单项选择题(本大题共10小题,每小题3分,共30分)

在每小题列出的四个备选项中只有一个是符合题目要求的,请用2B铅笔把答题卡上对应题目的答案字母按要求涂黑。错选、多选或未选均无分。

1. 学前晚期的儿童能够对物体进行分类。例如,区分菜时能把菜分为素菜和荤菜,素菜又能分为白菜、萝卜等,荤菜又能分为肉类、蛋类等。这表明学前晚期的儿童具有的显著特征是(　　)

A. 爱学、好问　　B. 抽象思维发展

C. 语言能力明显提高　　D. 认知能力形成

2. 为了提高幼儿使用剪刀的能力,教师在美工区投放了剪刀、不同质地的纸张及画有直线、曲线、不规则图形的图案,方便幼儿进行剪纸活动。这体现了材料投放的(　　)

A. 丰富性　　B. 层次性　　C. 情感性　　D. 探索性

3. 某5岁儿童画的西瓜比人大,画的两颗尖牙也占了人脸的大部分。说明了这一时期儿童绘画的特点是(　　)

A. 未掌握画面布局比例　　B. 绘画技能稚嫩

C. 感觉的强调和夸张　　D. 表象符号的形成

4. 幼儿园小班的孩子说话时往往断断续续、缺乏连贯性和逻辑性,还喜欢边说边做出相应的手势和表情。这种言语被称为(　　)

A. 情境性言语　　B. 对话言语

C. 独白言语　　D. 内部言语

5. 缺碘对儿童最严重的后果是导致(　　)

A. 毛发脱落　　B. 皮下出血　　C. 肢体麻木　　D. 智力低下

6. 豆豆看到丁丁一个人搬积木搬不动,他就跑过去帮忙。豆豆的这种行为属于(　　)

A. 亲社会行为　　B. 反社会行为

C. 攻击性行为　　D. 依恋行为

7. 某孩子看见人生病时要打针吃药,当她看见小树长虫时,就从地上捡起一根小棍给树打针。这说明幼儿思维的(　　)

A. 经验性　　B. 固定性　　C. 抽象性　　D. 近视性

8. 一般来说,大班幼儿所处的游戏水平是(　　)

A. 独自游戏　　B. 平行游戏　　C. 联合游戏　　D. 合作游戏

9. 根据《3~6岁儿童学习与发展指南》,下列不属于5~6岁儿童应具有的良好生活与卫生习惯的是(　　)

A. 养成每天按时睡觉和起床的习惯

B. 经常性贪喝饮料

C. 吃东西时细嚼慢咽

D. 每天早晚主动刷牙,饭前便后主动洗手,方法正确

10. 在母亲离开时无特别紧张或者忧虑的表现,在母亲回来时,欢迎母亲的到来,但这只是短暂的。这种孩子可能属于(　　)依恋。

A. 安全型　　B. 焦虑型　　C. 回避型　　D. 反抗型

二、简答题(本大题共2小题,每小题15分,共30分)

11. 简述制定幼儿园一日生活日程的依据。

12. 简述幼儿身体发育的主要规律。

三、论述题(本大题1小题,20分)

13. 试述幼儿园创设活动区的要求。

四、材料分析题(本大题共2小题,每小题20分,共40分)阅读材料,并回答问题。

14. 材料:

最近班上正在开展主题活动"我爱我家"。这天结构游戏时,小贝说:"我想搭个房子。"桃子说:"我想搭个滑梯。"杨老师说:"那你们就搭个幼儿园吧!"孩子们迟疑了一下说:"好吧。"于是他们为搭建"幼儿园"而忙碌起来。不一会儿,大家就用大积木搭出了高高的"幼儿园"墙体,就在屋顶将要盖成功的时候,由于孩子们的身高不够,盖顶的积木没放好就滑了下来,整个墙体都崩塌了。孩子们反复尝试几次后还是不成功,非常沮丧。正当他们想放弃时,杨老师走上前说:"你们想想班上有什么东西可以让我们迅速'长高'呢?"豆豆左看看,右看看,突然惊喜地说:"我们可以搬凳子垫脚。"于是,他们迅速搬来了两个凳子,搭好墙体后,站在凳子上准备盖顶。这时,杨老师微笑着走过来帮忙扶稳凳子,孩子们终于成功了。

问题:

(1)结合上述材料,分析教师在幼儿游戏时三次介入的时机是否适宜,并说明原因。(12分)

(2)结合日常实践论述教师介入儿童游戏的适宜性策略。(8分)

15. 材料:

星期一,已经上小班的松松在午睡时一直哭泣,嘴里还一直唠叨,说:"我要打电话让爸爸来接我,要回家。"老师多次安慰他还一直在哭。老师生气地说:"你再哭,爸爸就不来接你了!"松松听后情绪更加激动,哭得更加厉害了。

问题:

请简述上述教师的行为,并提出三种帮助幼儿调节情绪的有效方法。(20分)

五、活动设计题(本大题1小题,30分)

16. 幼儿户外活动时,被地上的影子吸引住了。有的玩着踩影子的游戏,有的跑起来看影子是什么样的,有的讨论着对方的影子,也有的对着影子做各种动作,看影子的变化。张老师认为可以根据幼儿的这一兴趣组织一个关于"影子"的主题活动,引发幼儿的深度学习。请帮助张老师设计一个大班"影子"主题活动。

要求:

(1)写出主题活动的总目标。

(2)围绕主题设计三个子活动。写出其中一个子活动的具体活动方案,包括活动名称、目标、准备和主要环节。

(3)写出另外两个子活动的名称、目标。

机密★启封前　　　　　　　　　　姓名＿＿＿＿＿＿　准考证号＿＿＿＿＿＿

国家教师资格考试预测试卷(十六)

保教知识与能力(幼儿园)

注意事项:

1. 考试时间为120分钟,满分为150分。
2. 请按规定在答题卡上填涂、作答,在试卷上作答无效,不予评分。

一、单项选择题(本大题共10小题,每小题3分,共30分)

在每小题列出的四个备选项中只有一个是符合题目要求的,请用2B铅笔把答题卡上对应题目的答案字母按要求涂黑。错选、多选或未选均无分。

1. 妞妞在一堆雪花片中拿走几片之后又如数放回,她知道雪花片的总数是没变的。这表明妞妞的思维属于(　　)

A. 直觉行动思维　　B. 具体形象思维

C. 可逆性思维　　D. 创新性思维

2. 下列情况,体现了幼儿再造想象的是(　　)

A. 看图说话时,有的幼儿能说出图上没有的内容

B. 幼儿把音阶想象成"走楼梯",从而正确理解音阶

C. 幼儿常常自己造词,出现造词现象

D. 绘画时,有的幼儿把太阳画成绿色

3. 6岁儿童脑重达到成人的90%;淋巴系统在出生后10年生长迅速,12岁时达到成人的200%;身高、体重的增长基本上呈波浪线的形式。以上说法体现了幼儿生长发育的(　　)

A. 阶段性　　B. 连续性

C. 程序性　　D. 不均衡性

4. 幼儿思考问题总是借助具体事物或具体事物的表象,对具体的语言容易理解,对抽象的语言则不易理解。这体现了幼儿思维的(　　)特征。

A. 直观行动性　　B. 自我中心性

C. 具体性　　D. 形象性

5. 辉辉一边拆卸遥控汽车一边说:"我想知道汽车是怎么跑起来的。"这说明辉辉(　　)

A. 活泼好动　　B. 不爱惜玩具

C. 具有探索欲望　　D. 没有规则意识

6. 在大班幼小衔接活动中,教师与幼儿共同创设了"小学调查"的主题墙。这主要是为了(　　)

A. 激发幼儿良好的入学动机　　B. 培养幼儿的责任感

C. 提高幼儿的学习能力　　D. 帮助幼儿形成良好的学习习惯

7. 幼儿对其他小朋友违反规则的行为产生不满,对自己做错事感到内疚的情感属于(　　)

A. 道德感　　B. 理智感

C. 义务感　　D. 责任感

8. 南京市鼓楼幼儿园的前身——鼓楼幼稚园,是中国历史上第一所开展教育科学研究的幼儿园,由著名教育家(　　)于1923年创办。

A. 宋庆龄　　B. 张之洞

C. 陈鹤琴　　D. 陶行知

9. 青青拿了一根海绵条对着明明的头,并说道:"我在给客人洗头发。"这种游戏属于(　　)

A. 练习性游戏　　B. 结构性游戏

C. 象征性游戏　　D. 规则性游戏

10. 《幼儿园教育指导纲要(试行)》指出,我国幼儿园的教育内容具有启蒙性和(　　)

A. 社会性　　B. 全面性

C. 发展性　　D. 灵活性

二、简答题(本大题共2小题,每小题15分,共30分)

11. 简述幼儿园一日生活的教育意义。

12. 简述培养学前儿童想象力的措施。

三、论述题(本大题1小题,20分)

13. 试述影响儿童游戏的因素。

四、材料分析题(本大题共2小题,每小题20分,共40分)阅读材料,并回答问题。

14. 材料:

中班的浩浩从不主动和小伙伴一起玩,也不喜欢和别人交往。在老师眼里,浩浩是个不惹麻烦的孩子,他喜欢独处,很少主动发言,常常被老师和同学们遗忘。

问题:

(1)写出浩浩的同伴关系的类型。(5分)

(2)结合材料分析该类型同伴关系的可能成因并提出教育建议。(15分)

15. 材料:

一位幼儿教师讲了她的活动区设置:“一个偶然的机会,我看到班里的几位女孩子用几把小椅子在班里的半圆里玩起了幼儿园的游戏;第二天她们又在半圆里玩起了小公主的游戏;她们虽然没有那么逼真的玩具,但是她们有丰富的想象力,而且在游戏时没有口舌之争,反而都是在出现分歧以后,能一起商量着玩。这让我想起了我们小的时候,记得我们小的时候玩过家家没有桌子就用砖头代替,没有灶台就用石头搭,没有筷子、碗就用手假装端着,但那时几个小伙伴一样玩得很开心。回来之后我就在想,难道在幼儿园的角色游戏中就一定要有固定的区域、固定的游戏内容吗?于是在与孩子们商量后,我们撤掉了角色区中的所有材料,开设了新区,孩子们取名叫‘自由区’,意思是没有固定的游戏玩法,所有游戏的内容完全由孩子们自己计划。”

问题:

请依据活动区创设的原则对以上活动区的设置进行评论。(20分)

五、活动设计题(本大题1小题,30分)

16. 3~6岁是儿童自我意识形成和发展的重要时期。在这个时期,儿童的自我意识总体上呈现快速发展的趋势,但个别差异也相当显著,并受到家庭、幼儿园、同伴等多方面的影响。作为教师,有责任给幼儿积极的影响,帮助幼儿形成积极的自我意识,从而促进幼儿心理的健康发展。

请以“我”为主题为大班儿童设计三个子活动。

要求:

(1)写出主题活动总目标。

(2)写出其中一个子活动的活动方案,包括活动的名称、目标、准备和主要环节。

(3)写出另外两个子活动的名称、目标。

机密★启封前　　　　姓名＿＿＿＿＿　准考证号＿＿＿＿＿

国家教师资格考试预测试卷(十七)

保教知识与能力(幼儿园)

注意事项:

1. 考试时间为120分钟,满分为150分。
2. 请按规定在答题卡上填涂、作答,在试卷上作答无效,不予评分。

一、单项选择题(本大题共10小题,每小题3分,共30分)

在每小题列出的四个备选项中只有一个是符合题目要求的,请用2B铅笔把答题卡上对应题目的答案字母按要求涂黑。错选、多选或未选均无分。

1.(　　)儿童已能初步辨认红、橙、黄、绿、蓝等基本色,但在辨认混合色或近似色时,往往较困难,也难以说出颜色的正确名称。

A. 幼儿前期(1~3岁)　　B. 幼儿初期(3~4岁)

C. 幼儿中期(4~5岁)　　D. 幼儿晚期(5~6岁)

2. 幼儿园大班儿童的攻击行为的特点是(　　)

A. 工具性攻击行为显著大于敌意性攻击行为　　B. 敌意性攻击行为显著大于工具性攻击行为

C. 以言语攻击行为为主　　D. 没有性别阶段

3. 幼儿用手假装方向盘开汽车,说明幼儿的思维具有(　　)

A. 想象功能　　B. 感知功能

C. 运动功能　　D. 语言功能

4. 小班集体教学活动一般都安排15分钟左右,是因为幼儿有意注意的时间一般是(　　)

A. 20~25分钟　　B. 3~5分钟

C. 15~18分钟　　D. 10~12分钟

5. 19世纪中叶,(　　)创办了世界上第一所幼儿园,并且创立了一整套幼儿教育理论和相应的教育方法、教材、玩具等,因此被誉为“幼儿园之父”。

A. 杜威　　B. 蒙台梭利

C. 福禄贝尔　　D. 卢梭

6. 小天平时食欲很好,但最近几天却不想吃饭,尤其怕油腻,并伴有恶心、呕吐。小天可能患了(　　)

A. 水痘　　B. 缺铁性贫血

C. 病毒性肝炎　　D. 佝偻病

7. 幼儿的社会性主要是在日常生活和(　　)中通过观察和模仿潜移默化地发展起来的。

A. 游戏　　B. 教学活动

C. 劳动　　D. 户外活动

8. 明明小朋友在回答自己为什么是个好孩子时说:“我认真参加游戏,并把玩具让给别人。”这是(　　)

A. 依从性的评价　　B. 对自己外部行为的评价

C. 对自己内在品质的评价　　D. 主观情绪性的评价

9. 幼儿园大(1)班和大(2)班在进行踢足球比赛,这属于社会性游戏分类中的(　　)

A. 合作游戏　　B. 联合游戏

C. 平行游戏　　D. 独立游戏

10. 尹老师引导美工区的幼儿将制作好的动物指偶放到语言区一起进行桌面游戏,尹老师这样做的主要目的是(　　)

A. 美化语言区的环境　　B. 丰富语言区的材料

C. 增进区域之间的互动　　D. 优化区域空间布局

二、简答题(本大题共2小题,每小题15分,共30分)

11. 如何防止幼儿注意分散?

12. 简述幼儿自我意识能力的培养策略。

三、论述题(本大题 1 小题,20 分)

13. 试述教师如何在实践中提高幼儿的言语能力。

四、材料分析题(本大题共 2 小题,每小题 20 分,共 40 分)阅读材料,并回答问题。

14. 材料:

小花今年 4 岁,是个非常听话的小女孩。可是有一天吃午饭时,由于心爱的小狗不见了,小花哭了很久。起初妈妈还耐心地劝她,可后来妈妈有些不耐烦了,就说:"你再哭,小狗就永远也不回来了!"小花一听,越哭越凶。这使平时一向认为小花是个乖女孩的妈妈无法理解了。

问题:

请根据上述材料分析幼儿理解的发展特点。(20 分)

15. 材料:

大(1)班孩子在户外活动中发现了几只蝴蝶,林老师启发他们观察蝴蝶的色彩和形态。之后林老师引导孩子和家长一起收集蝴蝶的照片和标本并展示出来,还经常和孩子们一起欣赏、交流蝴蝶美在哪里。在语言活动中,林老师还讲了《三只蝴蝶》的故事,并和孩子们一起玩《花儿和蝴蝶》的音乐游戏。林老师在美工区提供画笔、颜料、彩泥、橡皮泥等材料,让孩子们自主表现蝴蝶。丽丽等一群孩子要表演《三只蝴蝶》,林老师就提议他们自己做头饰装扮,还扮演其中的角色参与游戏。

问题:

(1)结合材料论述《幼儿园教育指导纲要(试行)》中艺术领域的目标。(8 分)

(2)分析材料中林老师引导和支持幼儿开展艺术活动的有效措施。(12 分)

五、活动设计题(本大题 1 小题,30 分)

16. 请围绕"我的祖国"为大班幼儿设计一个主题活动,应包含三个子活动。

要求:

(1)写出主题活动的总目标。

(2)写出其中一个子活动的具体活动方案,包括活动名称、目标、准备和主要环节。

(3)写出另外两个子活动的名称、目标。

机密★启封前　　　　　　　　　　　　　　姓名＿＿＿＿＿＿　准考证号＿＿＿＿＿＿

国家教师资格考试预测试卷(十八)

保教知识与能力(幼儿园)

注意事项:

1. 考试时间为120分钟,满分为150分。
2. 请按规定在答题卡上填涂、作答,在试卷上作答无效,不予评分。

一、单项选择题(本大题共10小题,每小题3分,共30分)

在每小题列出的四个备选项中只有一个是符合题目要求的,请用2B铅笔把答题卡上对应题目的答案字母按要求涂黑。错选、多选或未选均无分。

1. 能通过一一对应的方法比较两组物体的多少是(　　)幼儿的目标。

A. 2~3岁　B. 3~4岁　C. 4~5岁　D. 5~6岁

2. 小白很喜欢和小朋友交往,在与同伴的交往中活跃、主动,但他经常被其他小朋友抱怨爱抢玩具和喜欢推打别人,因而常被同伴排斥。按照幼儿不同交往类型的心理特征划分,小白属于(　　)儿童。

A. 一般型　B. 被忽略型　C. 被拒绝型　D. 受欢迎型

3. 知道自己的性别,并初步掌握性别角色知识,其发生的年龄段是(　　)

A. 1~2岁　B. 2~3岁

C. 3~4岁　D. 4~5岁

4. 斌斌和轩轩出生时身高、体重差不多,到两岁时,斌斌长得高高胖胖的,轩轩却瘦瘦小小的,这说明学前儿童的生长发育具有(　　)

A. 阶段性　B. 不均衡性

C. 个体差异性　D. 相互关联性

5. 认为应当把儿童所应该学的东西结合在一起,完整地、有系统地教授给儿童,即提出"整个教学法"的是(　　)

A. 陶行知　B. 蒙台梭利

C. 张雪门　D. 陈鹤琴

6. 如果是先天色盲或失明儿童就无从发展视力,也就培养不成画家了。这表明(　　)

A. 遗传决定一切　B. 遗传素质为儿童发展提供可能性

C. 后天环境决定遗传素质　D. 教育起主导作用

7. 糖糖听完《白雪公主》的故事后,马上假装自己是王后,对着镜子有模有样地说:"魔镜魔镜,谁是世界上最美的女人?"然后又跑到镜子后,粗声回答说:"白雪公主是世界上最美的女人。"此时糖糖的想象属于(　　)

A. 无意想象　B. 再造想象　C. 创造想象　D. 幻想

8. 10月份的主题是"秋天",教师结合相关的内容,采用"秋天的叶子""秋游剪影""中秋月饼""秋天的歌"等版块,将学习内容通过环境展示出来,让孩子从环境中直接感知秋天。这体现了环境创设的(　　)原则。

A. 安全性　B. 环境与教育目标的一致性

C. 发展适宜性　D. 幼儿参与性

9. 君君在家里最喜欢说的话就是"我自己来""我要自己吃饭""我自己可以穿衣服"等,从个体自我意识发展的历程来看,君君此时最有可能处于(　　)阶段。

A. 自我意识萌芽　B. 生理自我　C. 社会自我　D. 心理自我

10. 玩"找不同"游戏时,教师让幼儿重复自己的任务是什么,这有助于增强幼儿观察的(　　)

A. 持续性　B. 目的性　C. 概括性　D. 整体性

二、简答题(本大题共2小题,每小题15分,共30分)

11. 结合《3~6岁儿童学习与发展指南》科学领域的内容,谈谈如何支持和鼓励幼儿在科学探索的过程中积极动手动脑寻找答案或解决问题。

12. 简述活动区的功能。

三、论述题(本大题1小题,20分)

13. 试述学前儿童游戏的特点。

四、材料分析题(本大题共 2 小题,每小题 20 分,共 40 分)阅读材料,并回答问题。

14. 材料:

幼儿园只有一架秋千,幼儿都很喜欢玩。大(2)班在户外活动时,胆小的诺诺走到正在荡秋千的小莉面前,请小莉把秋千让给他玩。小莉没理会他,诺诺就跑过来向老师求助:"老师,小莉不让我荡秋千……"

对此,不同的教师可能会采取下面不同的回应方式:

教师 A:牵着诺诺的手走到小莉面前,说:"你们的事情我都知道了,我现在想看小莉是不是个懂得谦让的孩子。小莉你已经玩了一会儿了,现在能不能让诺诺玩一会儿呢?"小莉听了后,把秋千让给了诺诺。

教师 B:首先问诺诺:"你对小莉怎么说的呢?"诺诺:"我说我想玩一会儿。"想到诺诺平时说话总是低声细语的,教师就说:"是不是因为你声音小了,她没听清楚呢? 现在去试试大声地对她说:'我真的想荡秋千,我已经等了很久了!'如果这样说她还没给你,你就回来,我们再想别的办法……"

问题:

请分析上述两位老师回应方式的利弊,并说明理由。(20 分)

15. 材料:

今天的"动动巧手"里真热闹,孩子们拿着一个个大小不一、形状各异的螺丝高兴极了。他们有的拿、有的放,左看看、右瞧瞧,爱不释手。顾洋首先拿起一颗螺丝,开始试着找螺母拧,不一会儿他高兴地说:"老师,看! 我把螺丝拧起来了。"我马上说:"真能干,你是怎么拧的,表演给大家看好吗?"于是顾洋兴奋地给大家做了现场表演。立刻有几个小朋友也开始拧螺丝了。这时吴艳楠一边招手一边说:"老师,看! 我做的蛋糕。"我一看原来她把螺丝一层一层地装在了一个小碟子里,就像一个蛋糕,我蹲下来大声说:"你太棒了,还能用螺丝做蛋糕,你再搭一个和它不一样的东西好吗?""好吧!"紧接着有好几个小朋友也加入到她的搭建行列。这时有一个安静的小角落引

起了我的注意:只见孙俊楠一声不吭地在忙着。我走过去问:"你在干什么?"她说:"这个碟子里是大的,这个碟子里是小的,老师我放的对吗?"原来孩子在分类呀,我摸了摸她的头说:"真能干,加油干吧。""老师看! 我用螺丝搭的大桥!""老师,我的项链好看吗?"……看着一张张兴奋的小脸蛋,听着他们稚嫩的、甜甜的声音,我也被感染了,我激动地冲他们伸伸拇指说:"你们真能干!"孩子们高兴地笑了。

问题:

请结合上述材料分析幼儿教师应如何引导幼儿的游戏。(20 分)

五、活动设计题(本大题 1 小题,30 分)

16."数"来源于生活,运用于生活。寻找生活中的数字这一活动内容灵活丰富,根据大班年龄特点和已有的生活经验,这样的内容选择葆有了幼儿爱探索的天性。《幼儿园教育指导纲要(试行)》中指出:"教学活动内容的选择既贴近幼儿的生活来选择幼儿感兴趣的事物和问题,又有助于拓展幼儿的经验与视野",奇妙的数字活动有助于拓展幼儿的经验、有助于幼儿创造新事物,能有效地发展幼儿的观察力、想象力。

请以"数字"主题为大班儿童设计三个子活动。

要求:

(1)写出主题活动总目标。

(2)写出其中一个子活动的活动方案,包括活动的名称、目标、准备和主要环节。

(3)写出另外两个子活动的名称、目标。

机密★启封前　　　　　　　　　　　　　姓名__________　准考证号__________

国家教师资格考试预测试卷(十九)

保教知识与能力(幼儿园)

注意事项:

1. 考试时间为120分钟,满分为150分。
2. 请按规定在答题卡上填涂、作答,在试卷上作答无效,不予评分。

一、单项选择题(本大题共10小题,每小题3分,共30分)

在每小题列出的四个备选项中只有一个是符合题目要求的,请用2B铅笔把答题卡上对应题目的答案字母按要求涂黑。错选、多选或未选均无分。

1. 当父母在做饭时,某位儿童递过一把勺子,他便认为自己是在从事一项重要的活动,发挥了重要的作用。根据埃里克森的人格发展阶段理论,该儿童的心理发展最有可能处于(　　)阶段。

A. 信任感对怀疑感　　B. 自主感对羞耻感

C. 主动感对内疚感　　D. 勤奋感对自卑感

2. 对自己的社交地位缺乏正确的评价,往往估计过高,这类孩子属于(　　)

A. 受欢迎型幼儿　　B. 被忽视型幼儿

C. 被排斥型幼儿　　D. 中间型幼儿

3. 教师将同样大小的A、B两个杯子装满水后,当着孩子的面将B杯的水倒入细高的C杯中,问孩子A杯的水和C杯的水是否一样多,孩子的回答是不一样多。这说明孩子的思维发展正处于(　　)

A. 感知运动阶段　　B. 前运算阶段

C. 具体运算阶段　　D. 形式运算阶段

4. 琳琳5个5个地数出一堆雪花片的数量。她采用的计数方法是(　　)

A. 一一点数　　B. 目测数数　　C. 按群计数　　D. 口头数数

5. 毛毛对小朋友说:“昨天爸爸带我去动物园了。”其实是他爸爸、妈妈计划近期带他去一次动物园。他的说谎行为属于(　　)

A. 分不清事实与想象的说谎　　B. 夸耀式说谎

C. 掩盖式说谎　　D. 模仿式说谎

6. 从两个月起,幼儿便开始出现对人脸的积极情绪反应,这体现了(　　)

A. 儿童情绪的社会化　　B. 儿童依恋的发展

C. 儿童道德情感的发展　　D. 儿童社会认知的发展

7. 明明所在的学校每天上午十点都会做十分钟的课间操,每到这个时间点李老师都会在旁边仔细观察孩子们的做操状况。李老师使用的幼儿学习评价的方法是(　　)

A. 事件抽样观察法　　B. 情景观察法

C. 轶事记录法　　D. 时间抽样观察法

8. 晶晶与合合是同卵双胞胎,他们的遗传基因相同,但是性格却不相同,这表明了(　　)

A. 遗传物质决定心理发展　　B. 遗传物质为心理发展提供动力

C. 遗传物质为心理发展提供现实条件　　D. 遗传物质为心理发展提供可能性

9. 婴幼儿生长发育速度减慢,智力低下,甚至患呆小症或散发性克汀病。这主要是因为缺(　　)

A. 磷　　B. 碘　　C. 锌　　D. 铁

10. 幼儿开始学跳舞时,注意了脚的动作,手就一动不动;注意了手的动作,脚步又乱了。这说明幼儿注意的(　　)

A. 稳定性比较差　　B. 范围比较小

C. 转移能力有限　　D. 分配能力较差

二、简答题(本大题共2小题,每小题15分,共30分)

11. 简述教师在实施《3~6岁儿童学习与发展指南》的过程中应把握哪些原则。

12. 简述幼儿发展评价的主要方法,并举例说明比较常用的1~2种方法。

三、论述题(本大题1小题,20分)

13. 论述培养幼儿亲社会行为的方法。

四、材料分析题(本大题共2小题,每小题20分,共40分)阅读材料,并回答问题。

14. 材料:

亮亮在大班科学活动时,将几条细水管连接后,又用同样的方法将几条粗水管连接在一起。之后,亮亮把水倒入细水管中,水一下子从水管另一头流出,他高兴极了,又将水倒入粗水管里,但水从管口涌出,并未从另一头流出。亮亮反复观察、尝试,终于发现水管摆放在一个斜坡上,水无法自下而上流出。于是,亮亮马上调整水管的摆放位置,当水顺利地从水管流出时,亮亮欢呼雀跃,自豪地向同伴分享自己成功地让水从水管中流出的过程。

问题:

(1)根据《3~6岁儿童学习与发展指南》科学领域中幼儿科学学习的核心要素,结合材料分析亮亮小朋友的行为表现。(9分)

(2)请提出教师支持亮亮小朋友推进该活动的策略。(11分)

15. 材料:

活动课上,中班孩子们在玩"十字路口"的游戏,其中小星星和大虎只对玩具车感兴趣,一点都不管其他小朋友怎么玩,他们拿着"车"一会儿开进路边的"商店",一会儿撞倒"行人",其他小朋友看到了,也拿着"车"撞来撞去,整个活动闹翻了天。一直在一旁观察的李老师看到了,赶紧以"交警"的身份介入游戏:"你们这是在干什么,交通秩序都被破坏了。"小朋友都纷纷指着小星星和大虎说,都是他们俩"开车"乱撞。在"交警"的指导下,大家把破坏的"商店"整理好,"马路"也被整理了出来,大家的"车"都在马路上行驶,游戏又正常进行。

问题:

(1)李老师是通过什么方式介入游戏对孩子进行指导的?(8分)

(2)李老师介入的时间是否恰当?教师应如何判断游戏介入的时机?(12分)

五、活动设计题(本大题1小题,30分)

16. 在幼儿园里,小朋友们相处时,经常会发生一些摩擦,却不会控制自己的情绪,有时会大哭,有时会难过,有时甚至还会大打出手,特别是幼儿上了中班以后,心情变化大,更不容易控制自己的情绪。

请以"情绪"主题为中班儿童设计三个子活动。

要求:

(1)写出主题活动总目标。

(2)写出其中一个子活动的活动方案,包括活动的名称、目标、准备和主要环节。

(3)写出另外两个子活动的名称、目标。

机密★启封前 姓名__________ 准考证号__________

国家教师资格考试预测试卷(二十)

保教知识与能力(幼儿园)

注意事项:

1. 考试时间为120分钟,满分为150分。
2. 请按规定在答题卡上填涂、作答,在试卷上作答无效,不予评分。

一、单项选择题(本大题共10小题,每小题3分,共30分)

在每小题列出的四个备选项中只有一个是符合题目要求的,请用2B铅笔把答题卡上对应题目的答案字母按要求涂黑。错选、多选或未选均无分。

1. 小明模仿当医生的爸爸,手拿听诊器,为“病人”看病,小明玩的游戏是( )

A. 角色游戏　　B. 建构游戏

C. 表演游戏　　D. 语言游戏

2. 在早晨的游戏分享时刻,老师问小朋友:“如果你是爸爸或妈妈,你喜欢怎样的宝宝?”孩子们纷纷回答说:“很乖的、不哭的宝宝。”“会自己吃饭的宝宝。”“会自己高兴地上学的宝宝。”教师在培养幼儿的( )

A. 移情能力　　B. 注意力

C. 想象力　　D. 观察力

3. 对幼儿来说,“家具”这个词比“桌子”“椅子”等更难掌握。在生活中,抽象的语言也常常使幼儿难以理解,这是因为幼儿的思维发展具有( )

A. 具体形象性　　B. 直觉行动性

C. 逻辑性　　D. 抽象性

4. 有家长发现孩子最近出现一些破坏行为,刚买的玩具,一会就被拆得七零八落了,说明孩子的( )发展起来了。

A. 实践感　　B. 道德感

C. 美感　　D. 理智感

5. 儿童常常用“球球”表示“这是一个球”“我要球球”等,这说明他们的言语发展阶段处于( )

A. 电报句阶段　　B. 单词句阶段

C. 复合句阶段　　D. 完整句阶段

6. 幼儿在参观了科技馆之后脑子像“过电影”一样,科技馆里的许多奇思妙想的小发明令他久久回味。这在心理学上属于( )

A. 再造想象　　B. 记忆表象

C. 无意想象　　D. 记忆再认

7. 禾禾说:“小兰的妈妈是陈老师。”爸爸问:“陈老师的女儿是谁?”禾禾摇头说:“不知道。”这反映禾禾的思维特点是( )

A. 经验性　　B. 片面性

C. 表面性　　D. 不可逆性

8. 根据我国《幼儿园教育指导纲要(试行)》,幼儿园教育科学领域的目标之一是( )

A. 能运用各种感官,动手动脑,探究问题

B. 教育幼儿爱护玩具和其他物品,爱护公物和公共环境

C. 养成注意倾听的习惯,发展语言理解能力

D. 与家长配合,根据幼儿的需要建立科学的常规

9. 婴幼儿应多吃鸡蛋、牛奶等食物,保证维生素D摄入,以防维生素D缺乏而引起的( )

A. 佝偻病　　B. 坏血病

C. 厌食症　　D. 呆小症

10. 大班的苗苗掉了牙,哭着拿着掉了的牙去找老师。老师安慰他说这是正常现象,然后根据这一事例在全班组织讨论为什么会掉牙,并进行了一系列活动:“我们要换牙了”“如何保护牙”等等,使幼儿懂得了一些换牙、保护牙的卫生常识以及注意养成良好的饮食习惯。这主要体现了教育遵循( )的原则。

A. 生活教育化　　B. 发挥一日活动整体功能

C. 尊重儿童权益　　D. 实践性

二、简答题(本大题共2小题,每小题15分,共30分)

11. 简述学前儿童移情能力发展的特点。

12. 简述我国学前教育目标制定的依据。

三、论述题(本大题1小题,20分)

13. 试述学前儿童亲子依恋的类型及培养幼儿形成良好依恋的措施。

四、材料分析题(本大题共2小题,每小题20分,共40分)阅读材料,并回答问题。

14. 材料:

入园时,大(1)班王老师发现有的小朋友穿着雨衣,于是就抓住了这个机会向小朋友提问:你们知道为什么雨衣不透水吗?它是什么材料制成的?生活中还有哪些材料也是不透水的?……这些问题引发了幼儿的探究兴趣和求知欲,于是一个新的活动——“雨衣的秘密”产生了。

问题:

(1)材料体现了幼儿园教育活动内容选择的什么原则?(8分)

(2)幼儿园教育活动内容选择应遵循哪些原则?(12分)

15. 材料:

某老师准备在语言活动“小乌龟开店”的基础上,组织一次表演游戏。教师一一出示早已准备好的道具,介绍完道具,配班老师带领全班幼儿“开火车”离开活动室去“剧场”看表演。主班老师忙着在活动室里布置场景:一家花店,一家书店,一家气球店。场地布置好了,幼儿由配班老师带领进“剧场”。主班老师提问:“谁愿意上来表演?”“哗!”几十只小手举了起来,老师挑了五个没有举手而上次语言活动表现又不好的幼儿上来表演。表演时,老师不停地提示孩子们对话、做动作。第二轮,老师请了五个做得好的孩子上来表演,五个孩子表演同一个角色。老师还时不时地按照故事情节规范语言,纠正孩子们的动作。好多孩子忙着摆弄有趣的道具,忘了表演,老师又不停地提醒。

问题:

请根据幼儿游戏的基本特征,分析材料中的活动是不是真正意义上的游戏活动。(20分)

五、活动设计题(本大题 1 小题,30 分)

16. 春天到了,幼儿园里的树木和花草长出了嫩绿的叶子,迎春花开出的花朵像个小喇叭。孩子们对树枝上的绿叶、草丛中的花朵产生了浓厚的兴趣,他们有的摘下来当小扇子一扇一扇的;有的自己在手里折一些小玩意;有的甚至把树叶当成了宝贝放到了自己的口袋里。

请以"春天"为主题设计三个子活动。

要求:

(1)写出主题活动总目标。

(2)写出其中一个子活动的活动方案,包括活动的名称、目标、准备和主要环节。

(3)写出另外两个子活动的名称、目标。

目　录

真题试卷

2021 年上半年中小学教师资格考试真题试卷(一)

一、单项选择题

1. D 【解析】本题考查《幼儿园工作规程》的内容。《幼儿园工作规程》第十条规定,幼儿入园除进行健康检查外,禁止任何形式的考试或测查。

2. D 【解析】本题考查幼儿游戏的类型。表演游戏是指儿童根据故事、童话的内容,运用动作、表情、语言,通过扮演角色,进行创造性表演的游戏。题干中儿童通过塑造角色来表现文艺作品内容,这种游戏类型属于表演游戏。

3. C 【解析】本题考查学前科学教育的方法。学前科学教育中观察法是指教师有目的、有计划地组织和启发儿童运用多种感官,去感知客观世界的事物与现象,使之获得具体的印象,并在此基础上逐步形成概念的一种方法。题干中的教师让幼儿通过视觉、嗅觉等多种感官观察不同的液体,这种教学方法是观察法。

   易错提示:考生易混淆学前科学教育方法中的观察法和实验法。考生在做题时,需要注意两者的区别:

   观察法——有目的、有计划地组织和启发儿童运用多种感官,去感知客观世界的事物与现象,使之获得具体的印象,并在此基础上逐步形成概念的一种方法。

   实验法——在人为控制条件下,教师或儿童利用一些材料、仪器或设备,通过简单演示或操作,对周围常见的科学现象加以验证的一种方法。

4. A 【解析】本题考查课程的四要素。课程是指学校学生所应学习的学科总和及其进程与安排。课程的四要素包括:课程目标、课程内容、课程组织、课程评价。

5. C 【解析】本题考查前运算阶段幼儿思维的特点。思维的自我中心性是指儿童往往只注意自己的观点,不能接受他人的观点,也不能将自己的观点和他人的观点相区分和协调。题干中岳岳的回答是从自己的角度出发,并且没有认识到自己的回答阿姨不能理解,体现了幼儿思维的自我中心性特点。

6. C 【解析】本题考查陈鹤琴的教育思想。陈鹤琴先生是我国著名的幼儿教育家。陈鹤琴先生反对埋没人性的、读死书的死教育。在抗战时代,他抱着实验新教育的使命,创建了活教育。其教育的三大目标是:(1)做人,做中国人,做现代中国人;(2)做中教,做中学,做中求进步;(3)大自然、大社会都是我们的活教材。

   易错提示:关于人物的思想是题目中考查的重点内容,杜威、陶行知、陈鹤琴的思想是易错易混点,需要考生重点区分。

   陶行知:提出生活教育理论,提出生活即教育;

   杜威:提出“教育即生活,教育即生长,学校即社会”;

   陈鹤琴:提出活教育思想,具体内容为:做人、做中国人、做现代中国人;做中教、做中学、做中求进步;大自然、大社会都是我们的活教材。

7. A 【解析】本题考查幼儿听觉器官的保育要点。幼儿听觉器官的保育要点包括:(1)禁止用锐利的工具给幼儿挖耳;(2)做好中耳炎的预防工作。教会幼儿用正确的方法擤鼻涕;洗头、洗澡、游泳时要防止污水进入外耳道,以免引起外耳道炎症。(3)避免噪声的影响。要防止幼儿受噪声的影响,平时成人与幼儿讲话声音要适中,不要大喊大叫,家电的声音勿开得太大;教育幼儿听到过大的声音要张嘴、捂耳,预防强音震破鼓膜,影响听力。

8. A 【解析】本题考查幼儿攻击性行为的分类。工具性攻击行为指幼儿为了获得某个物品所做出的抢夺、推搡等动作,这类攻击本身指向一个主要的目标或某一物品的获取。题干中小明因为缺积木玩具而去抢夺他人的积木,这属于工具性攻击行为。

   易错提示:工具性攻击行为和敌意性攻击行为的区别:

   工具性攻击行为——为获得某个物品所做出的攻击性行为;

   敌意性攻击行为——以人为指向目标,其目的在于打击、伤害他人。

9. B 【解析】本题考查皮亚杰的认知发展阶段理论。同化,是指个体将外部环境纳入自身已有的认知结构中;顺应则是指个体改变已有的认知结构去适应外部环境。题干中,毛毛看到骆驼后,认为骆驼是背上长东西的“大马”,将看到的新事物纳入自己已有的认知结构中,这一过程属于同化。

10. B 【解析】本题考查皮亚杰的道德发展阶段理论。皮亚杰采用“对偶故事法”对儿童道德判断的发展进行研究,发现并总结出了儿童道德认知发展的总规律,提出了道德发展阶段理论,将儿童的品德发展划分为四个阶段:(1)自我中心阶段(2~5岁):又称前道德阶段。这一阶段的儿童还不能把自己同外部环境区别开来,而是把外部环境看作他自身的延伸。规则对儿童来说不具有约束力。(2)权威阶段(6~8岁):又称他律道德阶段。这一阶段的儿童服从外部规则,接受权威指定的规范,把人们规定的准则看作是固定的、不可变更的,而且只根据行为后果来判断对错。(3)可逆性阶段(9~10岁):又称自律道德阶段。这一阶段的儿童既不单纯服从权威,也不机械地遵守规则,要求平等,并根据行为的动机来判断对错。(4)公正阶段(10~12岁):这一阶段的儿童开始倾向于主持公正、平等,体验到公正、平等应该符合每个人的特殊情况。公正的惩罚不能是千篇一律的,应根据每个人的具体情况进行。根据题干中的描述,本题选择B选项。

二、简答题(参考答案)

11. 教师应当如何对待不同气质的幼儿?请举例说明。

(1)要了解学前儿童的气质特征;(2)不要轻易对学前儿童的气质类型下结论;(3)要善于理解不同气质类型儿童的不足之处;(4)针对学前儿童气质的特点,采取适宜的教育措施。

对于胆汁质的孩子,要培养勇于进取、豪放的品质,防止任性、粗暴;对于多血质的孩子,要培养热情开朗的性格及稳定的兴趣,防止虎头蛇尾;对于黏液质的孩子,要培养积极探索精神及踏实、认真的优点,防止墨守成规、谨小慎微;对于抑郁质的孩子,要培养机智、敏锐和自信心,防止疑虑、孤独。

12. 体育活动中与活动后,教师分别可以从哪些方面判断幼儿的活动量是否合适?

(1)在体育活动中,教师可从幼儿的面色、汗量、呼吸、动作、注意力和反应力、精神状态等方面观察幼儿状态。

①适度疲劳状态:面色稍红,汗量不多;呼吸中速或较快;动作协调、准确,步态轻稳;注意力集中,反应正常;情绪愉快。

②中度疲劳状态:面色相当红,汗量较多;呼吸显著加快、加深;动作协调性、准确性和速度均降低;能集中注意力,但不够稳定,反应减弱;略有倦意。

③非常疲劳状态:面色十分红或苍白,呼吸急促、表浅、节奏紊乱;动作失调、步态不稳,用力颤抖;注意力分散,反应迟钝;精神疲乏。

(2)在体育活动后,教师可从幼儿的食欲、睡眠、精神状态等方面观察幼儿状态。

①适度疲劳状态:饮食良好,食欲增加;入睡较快,睡眠良好;精神爽快,情绪好,状态稳定。

②中度疲劳状态:食欲一般,有时略有降低;入睡较慢或睡眠一般;精神略有不振,情绪一般。

③非常疲劳状态:食欲降低,进食量减少,甚至有恶心、呕吐现象;很难入眠,睡眠不安;精神恍惚,心悸,厌倦练习。

三、论述题(参考答案)

13. 幼儿园教师应具备哪些专业能力?

(1)环境的创设与利用能力。建立良好的师幼关系,帮助幼儿建立良好的同伴关系,让幼儿感到温暖和愉悦;建立班级秩序与规则,营造良好的班级氛围,让幼儿感受到安全、舒适;创设有助于促进幼儿成长、学习、游戏的教育环境;合理利用资源,为幼儿提供和制作适合的玩教具和学习材料,引发和支持幼儿的主动活动。

(2)一日生活的组织与保育能力。合理安排和组织一日生活的各个环节,将教育灵活地渗透到一日生活中;科学照料幼儿日常生活,指导和协助保育员做好班级常规保育和卫生工作;充分利用各种教育契机,对幼儿进行随机教育;有效保护幼儿,及时处理幼儿的常见事故,危险情况优先救护幼儿。

(3)游戏活动的支持与引导能力。提供符合幼儿兴趣需要、年龄特点和发展目标的游戏条件;充分利用与合理设计游戏活动空间,提供丰富、适宜的游戏材料,支持、引导和促进幼儿的游戏;鼓励幼儿自主选择游戏内容、伙伴和材料,支持幼儿主动地、创造性地开展游戏,充分体验游戏的快乐和满足;引导幼儿在游戏活动中获得身体、认知、语言和社会性等多方面的发展。

(4)教育活动的计划与实施能力。制定阶段性的教育活动计划和具体活动方案;在教育活动中观察幼儿,根据幼儿的表现和需要,调整活动,给予适宜的指导;在教育活动的设计和实施中体现趣味性、综合性和生活化,灵活运用各种组织形式和适宜的教育方式;提供更多的操作探索、交流合作、表达表现的机会,支持和促进幼儿主动学习。

(5)激励与评价能力。关注幼儿日常表现,及时发现和赏识每个幼儿的点滴进步,注重激发和保护幼儿的积极性、自信心;有效运用观察、谈话、家园联系、作品分析等多种方法,客观地、全面地了解和评价幼儿;有效运用评价结果,指导下一步教育活动的开展。

(6)沟通与合作能力。使用符合幼儿年龄特点的语言进行保教工作;善于倾听,和蔼可亲,与幼儿进行有效沟通;与同事合作交流,分享经验和资源,共同发展;与家长进行有效沟通合作,共同促进幼儿发展;协助幼儿园与社区建立合作互助的良好关系。

(7)反思与发展能力。主动收集分析相关信息,不断进行反思,改进保教工作;针对保教工作中的现实需要与问题,进行探索和研究;制定专业发展规划,积极参加专业培训,不断提高自身专业素质。

四、材料分析题(参考答案)

14. (1)游戏中小牛和小雷都是在学习,小牛是通过"直接感知、实际操作和亲身体验"学习,小雷是通过"观察"学习。

(2)《3～6岁儿童学习与发展指南》中指出：幼儿的学习是以直接经验为基础，在游戏中通过直接感知、实际操作和亲身体验获取经验的需要，严禁"拔苗助长"式的超前教育和强化训练。材料中，教师制作了"玩具灶"以及不同的材料，让幼儿猜测并验证哪些物品能飞起来，小牛正是在教师精心布置的环境中通过"直接感知、实际操作和亲身体验"方式学习的。在这个过程中，幼儿不仅能获得丰富的感性经验，充分发展形象思维，还能逐步发展逻辑思维能力，为其他领域的深入学习奠定基础。

班杜拉的社会学习理论提出了观察学习的概念，观察学习是指人通过观察他人(榜样)的行为及其结果而习得新行为的过程。在观察学习中，观察的对象称为榜样或示范者。观察学习可分为三类：①直接的观察学习：它是对示范行为的简单模仿，幼儿的主要学习方式为直接的观察模仿学习。②抽象性观察学习：它是指观察者从对他人行为的观察中获得一定的行为规则或原理，从而能根据这些规则或原理表现出某种类似的行为。③创造性观察学习：它是指观察者通过对各个不同榜样的行为特点进行新的组合，从而形成一种全新的行为方式。材料中，小雷旁观小牛的实验过程和结果，收获了一些知识，这是"直接的观察学习"的表现。

15. (1)材料中家长的观念过于小学化，没有正确地理解幼小衔接的含义。幼小衔接是指幼儿园与小学根据儿童身心发展的阶段性、连续性规律以及儿童可持续发展的需要，做好两个教育阶段的衔接工作，使儿童顺利适应小学学习生活，并为今后的发展打好基础。而幼儿园在幼小衔接方面需要做的工作是为儿童做好小学入学准备，幼儿园全面的入学准备是指幼儿在入学之前，需要达到的身心全面发展的水平，包括健康的身体、主动性、独立性、人际交往能力、规则意识和任务意识等方面的培养。材料中的家长将幼小衔接片面理解为知识方面的衔接，忽视了幼儿行为习惯、心理适应等方面的衔接。

(2)对于家长观念存在的误区，我们可以这么做：

①幼儿园可以利用家长学校、讲座、网络、家园联系栏、家长会等多种途径做好幼小衔接的家长宣传、指导工作，引导家长树立科学的儿童观、教育观。

②教育行政部门加强对幼儿园幼小衔接工作的管理。首先，要督促幼儿园全面贯彻落实《幼儿园教育指导纲要(试行)》和《3～6岁儿童学习与发展指南》精神，坚持正确的办园方向，加强教学活动管理，坚决反对幼儿园进行各类经典诵读、英语、珠心算、知识教学等"特色教育"以及开设兴趣班、入学准备班等小学化做法。其次，要加强对幼儿园开展"幼小衔接"的指导，督促幼儿园根据儿童身心发展规律和本园幼儿特点建立完整的幼小衔接活动体系，有计划地开展幼小衔接活动，为大班幼儿毕业之后进入小学做好相应准备。最后，要加强对幼儿园的日常工作检查督导以及年检工作。对办园方向不正确、搞小学化的幼儿园，要及时给予批评教育；对小学化倾向比较严重的幼儿园，给予必要处分；对小学化倾向严重且屡教不改的幼儿园，进行严厉处罚。

③利用报刊、网络、电视等大众传播媒介，介绍幼儿园教育的基本理念、内容与方法，幼小衔接工作的意义、内容与途径，以及科学保教、科学育儿、促进儿童健康成长的科学观念，引导社会树立正确的教育观念。

五、活动设计题(参考答案)

16. 大班社会活动《一起去春游》

(一)活动目标

(1)了解关于春游的一些事情，比如游玩的地方，乘坐的交通工具以及携带的食物等。

(2)能够完整地向朋友讲述春游活动。

(3)体验和小朋友一起春游的乐趣。

(二)活动准备

幼儿从家中带的食物，幼儿园自制点心。关于春游的视频。儿歌《去郊游》。

(三)活动过程

1. 谈话导入，引起幼儿的兴趣

教师引导幼儿围绕春游的具体事情展开讨论，引起幼儿的兴趣，教师在幼儿讨论完之后提问幼儿，从而引出活动的主题。

师：小朋友们，你们了解春游吗？

2. 播放视频，初步感知关于春游的活动

教师播放其他班的小朋友之前去春游的视频，引导幼儿仔细观看，并提问幼儿关于春游活动中的事情，从而使幼儿初步感知春游活动。

师：小朋友们，视频中的小朋友们是怎么到达春游的地方的呢？到达春游的地点后，他们都做了些什么呢？

师：视频中的小朋友们开心吗？他们为春游准备了什么呢？

3. 开展讲述活动，巩固幼儿对于春游活动的了解

教师引导幼儿围绕春游活动中的事情展开讲述，引导幼儿能够用完整的话讲述出来，从而巩固提高幼儿对于春游活动的了解。

师：小朋友们，等我们去春游的时候，你们最想做什么呢？

师：小朋友们，你们觉得春游的时候需要注意什么呢？

4. 播放音乐，体验春游的快乐

教师播放音乐，带领幼儿一起玩视频中小朋友

在春游时玩的游戏。游戏结束后,引导幼儿在歌声中分享自己带来的食物。

5. 活动结束,教师总结

师:今天我们知道了,我们要乘坐校车去春游,春游前需要爸爸妈妈帮我们准备好自己想带的食物和水,在春游时一定要拉好其他小朋友的手,不能随便跟陌生人走,一定要保护好自己。春游的时候我们还可以一起做游戏,还可以互相分享自己带的食物。

(四)活动延伸

教师引导幼儿去美工区画一画关于春游的活动。

2020年下半年中小学教师资格考试真题试卷(二)

一、单项选择题

1. D 【解析】本题考查幼儿游戏的类型。规则性游戏是一种由两人以上参加的,按一定规则从事的游戏。幼儿赛跑、下棋都需要遵循游戏的规则,属于规则游戏。表演游戏是儿童根据故事、童话的内容,运用动作、表情、语言,通过扮演角色,进行创造性表演的游戏。角色游戏是学前儿童以模仿和想象,通过扮演角色,创造性地反映周围现实生活的一种游戏,又称想象性游戏。

2. C 【解析】本题考查《幼儿园工作规程》的内容。《幼儿园工作规程》中第五条指出,幼儿园保育和教育的主要目标是:(1)促进幼儿身体正常发育和机能的协调发展,增强体质,促进心理健康,培养良好的生活习惯、卫生习惯和参加体育活动的兴趣。(2)发展幼儿智力,培养正确运用感官和运用语言交往的基本能力,增进对环境的认识,培养有益的兴趣和求知欲望,培养初步的动手探究能力。(3)萌发幼儿爱祖国、爱家乡、爱集体、爱劳动、爱科学的情感,培养诚实、自信、友爱、勇敢、勤学、好问、爱护公物、克服困难、讲礼貌、守纪律等良好的品德行为和习惯,以及活泼开朗的性格。(4)培养幼儿初步感受美和表现美的情趣和能力。C项训练幼儿的体育运动技能不属于幼儿园保育和教育的主要目标。

3. B 【解析】本题考查大班幼儿认知发展的特点。幼儿初期(3~4岁)的思维很具体、直接,他们不会做复杂的分析综合,只能从表面去理解事物,他们的主要认知特点是直观行动性。幼儿中期(4~5岁)的思维是典型的具体形象思维,即他们较少依靠行动来思维,但是思维过程还必须依靠实物的形象做支柱。幼儿晚期(5~6岁)的思维已有了抽象概括性的萌芽,但主要认知特点还是具体形象性。因此大班幼儿认知发展的主要特点是具体形象性。

4. A 【解析】本题考查自我概念的发展。自我概念是指个体对自己的印象,包括对自己存在的认识,以及对个人身体、能力、性格、态度、思想等方面的认识。题干中的语言描述属于幼儿对自己的看法,因此本题选择A。

5. B 【解析】本题考查学前教育机构的产生与发展。1816年,英国空想社会主义者欧文在苏格兰的纽兰纳克创办了一所幼儿学校,目的是寻求儿童特别是社会底层家庭儿童的生存、健康和幸福之路,这堪称是欧洲最早的幼儿教育机构。

   方法技巧:关于世界上的学前教育机构:

   1816年,欧文在苏格兰创办幼儿学校,是世界上第一所幼儿教育机构。

   1837年,福禄贝尔在德国创办世界上第一所幼儿园。

   1903年,端方在湖北武昌创办我国第一所幼稚园——湖北幼稚园。

   1923年,陈鹤琴在南京创办我国第一所幼儿教育实验中心——南京鼓楼幼稚园。

   1927年,陶行知在南京创办我国第一所乡村幼稚园——南京燕子矶幼稚园。

6. D 【解析】本题考查气质特征。托马斯、切斯根据儿童活动水平、生理活动的规律性、对新异刺激反应的害怕或抑制等九个维度,把婴儿的气质分为三种类型。一个活动水平高的孩子爱动,总是喜欢跑来跑去;相反,一个活动水平低的幼儿,不怎么跑动,可以安静地坐很久。题干中幼儿跑来跑去,表现活跃是活动水平高的表现。故本题选择D。

7. B 【解析】本题考查移情的发展。移情是指从他人的角度来考虑问题。移情的作用:一是可以使儿童摆脱自我中心,产生利他思想,从而形成亲社会行为;二是可以引起儿童的情感共鸣,使儿童产生同情心和羞愧感。题干中冰冰边擦眼泪边安慰田田,和田田有了情感共鸣,是移情能力的体现。

8. C 【解析】本题考查依恋的类型。焦虑—反抗型的幼儿在母亲要离开之前总显得很警惕,如果母亲要离开他,他就会表现出极度的反抗,但是与母亲在一起时,又无法把母亲当作他的“安全基地”。他们见到母亲回来会寻求与母亲接触,但同时又反抗与母亲接触,甚至还有点发怒的样子。

   安全型依恋是较好的依恋类型,安全型依恋的幼儿与母亲在一起时能安逸地玩弄玩具,对陌生人的反应也比较积极,并不总是偎依在母亲身旁。当母亲离开时,其探索性行为会受影响,明显地表现出一种苦恼;当母亲回来时,他们会立即寻求与母亲的接触,但能很快平静下来。

   焦虑—回避型的幼儿,母亲在场或不在场对他们影响不大。母亲离开时,他们并无特别紧张或忧虑的表现。母亲回来了,他们往往也不予理会。虽然有时会欢迎母亲的到来,但只是暂时的,接近一下又走开了。

紊乱型(矛盾型)的幼儿往往表现出最大程度的不安全感。他们在与父母重逢时,会有一系列混乱、矛盾的行为。有的在父母抱起他时,他还看着别的地方;有的对父母的出现毫无表情,或者很沮丧;还有一些在平静后突然又哭起来或表情非常古怪,动作冷冰冰的。

9. A 【解析】本题考查班杜拉的社会学习理论。班杜拉认为,习得的行为是否被表现出来,会受到强化的影响。替代强化是指观察者通过观察他人行为所带来的后果而受到强化。题干中萌萌因为看到青青和小猫玩得很开心,从而降低了自己对小猫的恐惧,是观察他人行为所带来的后果受到强化,属于替代强化。

易错提示:班杜拉的社会学习理论认为强化分为三种类型:直接强化、替代强化和自我强化。这三者的区别在于:

直接强化:自身表现出观察行为受到强化。直接强化强调的是观察者已经做出了观察的行为。

替代强化:观察他人行为的后果受到强化。替代强化强调的是观察者看到了他人行为所带来的后果,从而表现出观察行为。

自我强化:根据自己设立的标准评价自己的行为。自我强化强调的是自己和自己进行对比。

10. C 【解析】本题考查幼儿脉率的特点。一般认为,学前儿童在体育活动时的平均脉搏为140次/分左右为适当。因此本题选择C。

二、简答题(参考答案)

11. 简述社区在幼儿园教育中的作用。

(1)社区环境对学前儿童产生潜移默化的影响。社区环境或多或少地影响着学前儿童,一个自然环境优美的社区会让学前儿童产生美好的情感,和谐积极的社区人文环境会给学前儿童一种良好的情绪体验。具体而言,社区中的邻里关系、同伴关系、风土人情以及社区的建筑、活动设施、人文景观等都会对学前儿童产生各种各样的影响。可以说社区中的一人一景一物都具有一定的教育意义。

(2)社区资源为幼儿园提供了现实支持。幼儿园可以直接利用社区丰富的教育资源,让学前儿童走进社会的大课堂。如参观社区中的各种机构、设施,请社区的劳动模范、解放军战士、医务人员、警察叔叔等与学前儿童共同活动,慰问敬老院的爷爷、奶奶,或请他们到幼儿园做客等等。社区的积极参与将会使幼儿园教育变得更生动、更富有时代气息。

(3)社区文化是一种现存的教育资源。优秀的社区文化是幼儿园教育的宝贵资源。如一些少数民族地区的幼儿园会有意识地让地区文化渗透到幼儿园,使幼儿园赋予一种与汉文化不同的民族特色。无论是幼儿园的环境布置、教师的服饰,还是幼儿园的生活课程、人际交往方式等等,都反映出当地民族文化对幼儿园教育的影响。

12. 简述幼儿工具性攻击和敌意性攻击的异同。

(1)相同点:

工具性攻击与敌意性攻击都属于幼儿的攻击性行为,最大的特点是目的性,都是为了其他目的而对他人造成伤害。

(2)不同点:

①工具性攻击行为指幼儿为了获得某个物品所做出的抢夺、推搡等动作,这类攻击本身指向于一个主要的目标或某一物品的获取;敌意性攻击则是以人为指向目标,其目的在于打击、伤害他人,如嘲笑、讽刺、殴打等。

②小班幼儿的工具性攻击行为多于敌意性攻击行为;而大班幼儿的敌意性攻击行为则显著多于工具性攻击行为。

三、论述题(参考答案)

13. 试述幼儿园班级管理工作的主要内容。

幼儿园班级管理指班级保教人员充分利用幼儿园的人、财、物、时间、信息等资源,以班级为单位,通过计划、组织、实施、总结等环节,实现育人的目标。按幼儿在园活动分类,幼儿园班级管理一般由生活管理和教育管理两方面组成,其他管理工作服务于幼儿的生活、教育管理,具体内容如下:

(1)生活管理。幼儿园生活管理是为了保证幼儿身体正常发育、心理健康成长,保教人员围绕幼儿在园起居、饮食等生活活动的需要而进行的管理工作。生活管理包括睡眠、饮食、如厕、衣着等全部生活内容,是保育工作的重要内容,是教育工作的前提与基础,是班级管理的主要内容。生活管理可以满足幼儿在园生活的物质需要,为幼儿健康成长提供物质环境。

(2)教育管理。幼儿园班级教育管理是指保教人员在班主任教师带领下对班级幼儿进行调查研究,对教育过程精心设计、组织,对教育效果进行细致评估的一系列工作。教育管理对于明确教育目标、优化教育方法、保证教育效果起着重要作用。教育管理是幼儿园教师最经常和最基本的管理工作,也是幼儿园各项管理工作的核心内容。

(3)其他管理。幼儿园班级管理除了着重进行生活、教育管理外,还有许多与之相关的其他管理。如班级间交流管理、家庭教育管理、幼儿社区活动管理等。这些管理工作或弥补生活、教育管理的不足,或加强了生活、教育管理的效果,它们也是幼儿园班级常规管理的重要组成部分。

四、材料分析题(参考答案)

14. (1)学前儿童数概念的形成经历口头数数→给

物说数→按数取物→掌握数概念四个阶段。《3～6岁儿童学习与发展指南》中幼儿数学认知发展的目标中提出，3～4岁的幼儿能通过一一对应的方法比较两组物体的多少；能手口一致地点数5个以内的物体，并能说出总数；能按数取物。①材料中的雪儿处于能够按物体的外部特征进行分类的阶段，她根据标签往不同车厢装与标签品种一样的“水果”时，只注意到了车厢上的“水果”品种，而没有注意到“水果”的数量体现了这一点。②材料中莉莉的数学能力达到了手口一致地点数的水平，她通过点数标签上的“水果”，念着数字最终拿出对应数量的水果体现了她处于按数取物的发展阶段。③材料中的明明处于按数取物和目测数数的阶段，目测数数是指用眼代替手指，在心中默数，并说出总数。明明看着标签就取出相应品种和数量的“水果”体现了这一点。

(2)①尊重幼儿发展的个体差异。每个幼儿在沿着相似进程发展的过程中，各自的发展速度和到达某一水平的时间不完全相同。要充分理解和尊重幼儿发展进程中的个别差异，支持和引导他们从原有水平向更高水平发展，按照自身的速度和方式到达《3～6岁儿童学习与发展指南》所呈现的发展“阶梯”，切忌用一把“尺子”衡量所有幼儿。②理解幼儿的学习方式和特点。幼儿的学习是以直接经验为基础，在游戏和日常生活中进行的。教师要珍视游戏和生活的独特价值，创设丰富的教育环境，合理安排一日生活，最大限度地支持和满足幼儿，通过直接感知、实际操作和亲身体验获取经验的需要。

15. (1)李老师的阻止行为不合适。

①李老师的阻止行为违背了幼儿游戏的自主性。游戏是儿童自主自愿的活动，游戏不要求务必达到外在的任务和要求，没有严格的程序和方式，儿童完全可以自由自在地进行游戏，玩什么、怎么玩，均由儿童自己决定。材料中幼儿玩得不亦乐乎，但李老师却加以阻止，违背了幼儿游戏的自主性特点。②李老师的阻止行为不利于幼儿想象力的发展。幼儿对游戏充满了兴趣，在游戏中，幼儿能够无拘无束地玩耍，产生许多新颖的想法和独特的行为，激发幼儿创造性的萌芽并发展。象征游戏是幼儿期幼儿的典型游戏，也是幼儿最喜爱的一种游戏，幼儿进行这种游戏，对其创造力水平的提高有直接的影响。材料中幼儿将玩具吹风机当“手枪”、仿真型灯箱当“大炮”，这都体现了幼儿在游戏中对于游戏材料的假想，而教师强调“吹风机”是“理发店”的玩具，阻碍了幼儿想象力的发展。③李老师对游戏的介入与指导不合理。教师对幼儿游戏的指导必须以保证幼儿游戏的特点为前提，在观察的基础上把握好介入时机，推动游戏的发展。材料中李老师能及时发现幼儿在游戏过程中出现的情况是值得肯定的，但是选择以现实代言人的身份进行指导，介入的时机与方法是错误的，容易使幼儿丧失游戏的兴趣。

(2)教师应在保证幼儿游戏特点的前提下指导幼儿的游戏。①尊重幼儿游戏的自主性。幼儿在游戏中想象、探索、表现、创造的同时，是幼儿自主性得到极大提高和体现的时候，也是游戏功能正在实现的时候，所以教师应予以尊重、鼓励。②以间接指导为主。教师应该有观察幼儿游戏的意识，重视对幼儿游戏的观察，在观察的基础上，参与幼儿的游戏。③选择恰当的时机与方式介入幼儿的游戏。教师应根据幼儿游戏的性质及正在游戏的幼儿特征，进行仔细观察，不断变换所扮演的角色，推动游戏的发展。

五、活动设计题(参考答案)

16. 主题活动：《高高兴兴上幼儿园》

主题活动目标

(1)认识幼儿园，了解幼儿园的环境；

(2)可以积极参与幼儿园的各项活动，敢于表达自己的想法；

(3)喜欢上幼儿园，体验幼儿园生活的乐趣。

子活动一

小班语言活动：《我爱上幼儿园》

(一)活动目标

(1)了解幼儿园的环境；

(2)能用自己的语言讲述图片的内容，大胆表达自己的想法；

(3)乐于分享自己对幼儿园的喜爱之情。

(二)活动准备

《果果爱上幼儿园》的故事音频、幼儿园的环境图片。

(三)活动过程

1. 故事导入，引起幼儿的兴趣

教师播放《果果爱上幼儿园》的故事音频，引出课题——我爱上幼儿园。

师：小朋友们，故事听完了，你们都听到了什么？

2. 观察图片，初步感知幼儿园环境

教师引导幼儿观察图片，熟悉幼儿园环境。

师：你看到了什么？他们在做什么？这是哪里？

3. 幼儿交流讨论，深入理解

教师鼓励，请个别幼儿大胆说说自己对幼儿园的想法，增加幼儿对幼儿园的喜爱之情。

师：小朋友们，你们在幼儿园开心吗？为什么？

4. 讲述活动，加深对幼儿园环境的了解

教师组织讲述活动，引导幼儿用简短的语言描述幼儿园环境。

师：幼儿园里有什么？你们谁愿意说一说呢？

5. 活动结束，教师总结

教师总结活动情况，并激发幼儿对幼儿园的热爱之情。

(四)活动延伸

教师可以组织幼儿参观幼儿园,了解幼儿园的环境。

子活动二

小班音乐活动:《我上幼儿园》

活动目标

(1)理解《我上幼儿园》歌词内容;

(2)能用自然声音歌唱,并可以随音乐做动作;

(3)感受音乐活动的快乐。

子活动三

小班社会活动:《我爱我的幼儿园》

活动目标

(1)了解幼儿园的环境,知道本班的位置;

(2)尝试用语言大胆地说出幼儿园的生活;

(3)体验在幼儿园生活中的快乐。

2019年下半年中小学教师资格考试真题试卷(三)

一、单项选择题

1.D 【解析】本题考查皮亚杰的认知发展阶段理论。前运算阶段幼儿思维的一个特点是泛灵论。儿童认为,所有的物体都是有生命的、有意义的。题干中菲儿把无生命的小石头看作是有生命的物体,体现了菲儿泛灵论的思维特点。幼儿思维的直觉行动性是指幼儿的思维很具体、直接。他们不会做复杂的分析综合,只能从表面去理解事物。幼儿思维的自我中心性是指儿童还不能设想他人所处的情境,常以自己的经验为中心,从自己的角度出发来观察和理解世界。幼儿思维的表面性是指幼儿只从表面理解事物,不理解词的转义。其思维往往只是反映事物的表面联系,而不反映事物的本质联系。

2.D 【解析】本题考查《3~6岁儿童学习与发展指南》。《3~6岁儿童学习与发展指南》科学领域指出,“幼儿的思维特点是以具体形象思维为主,应注重引导幼儿通过直接感知、亲身体验和实际操作进行科学学习,不应为追求知识和技能的掌握,对幼儿进行灌输和强化训练”。故排除A、B、C三项,本题选D。

3.C 【解析】本题考查幼儿数概念的发展阶段。幼儿数概念的形成经历口头数数→给物说数→按数取物→掌握数概念四个阶段。数概念发展的最低阶段为口头数数,唱数即我们常说的口头数数,故本题选C。

4.B 【解析】本题考查幼儿情绪的特点。题干中“一名幼儿哭会惹得周围的幼儿跟着一起哭”,表明幼儿的情绪容易受到周围人的影响,即具有易感染性。故本题选B。

情绪的易冲动性是指幼儿的情绪常常处于激动状态,而且来势强烈,不能自制,往往全身心都受到不可遏制的威力支配。年龄越小,这种冲动越明显。随着年龄的增长、语言的发展,幼儿逐渐学会接受成人的语言指导,调节控制自己的情绪。

情绪的外露性是指婴儿期的孩子情绪完全表露在外,丝毫不加控制和掩饰。

情绪的不稳定性是指婴幼儿的情绪是非常不稳定的,容易变化,表现为两种对立的情绪在短时间内互相转换。如当幼儿由于得不到喜爱的玩具而哭泣时,成人递给他一块糖,他就立刻会笑起来。

5.B 【解析】本题考查幼儿的个性心理特征。在人的个性心理特征中,由于气质和儿童的生理特点具有最直接的关系,所以气质是最早出现的,也是变化最缓慢的。故本题选B。

6.B 【解析】本题考查行动研究。行动研究是教育实践工作者为解决自身面临的问题、改进工作质量而进行的研究,其具有为行动而研究、在行动中研究、由行动者研究的三个基本特征,包括“计划”“行动”“考察”“反思”四个环节。由此可见,在学前教育中进行行动研究的主要目的是为解决学前教育实践问题。故本题选B。

7.A 【解析】本题考查儿童观。题干中“养儿防老、光宗耀祖、传宗接代”都是把儿童当作了家庭的附属品和工具,体现的是工具主义儿童观。故本题选A。

8.D 【解析】本题考查幼儿园教育评价的类型。形成性评价是指在教育活动过程中评价活动本身的效果,目的在于及时了解教育活动过程中的情况,以便及时地获取反馈信息,适时调节控制,以缩小工作过程与目标之间的差距,并通过评价研究工作进程、总结经验教训,及时改进工作。题干中王老师在教学过程中随时观察和评价幼儿的行为表现,以便及时地获取反馈信息,适时调整指导策略,体现的是形成性评价。

诊断性评价是指在教育活动开始之前,为使其计划更有效地实施而进行的预测性评价,其目的在于了解评价对象的基本情况,为制订教育计划或解决问题搜集资料、做好准备。终结性评价是指在完成某个阶段教育活动之后,对其成果做出价值判断,也就是以预先设定的教育目标为基准,对评价对象达到目标的程度进行评价。这种评价的目的在于全面了解该阶段的成果,以向决策者提供信息。

方法技巧:考生在面对诊断性评价、形成性评价和终结性评价的试题时,可通过以下方法进行区分:

诊断性评价——一般发生在教育活动开始之前;

形成性评价——在计划实施过程中不断进行的动态评价；
终结性评价——一般发生在完成某个阶段教育活动之后。

9. A 【解析】本题考查幼儿营养基础知识。锌是人体必需的微量元素之一，锌的缺乏会引起蛋白质合成障碍、细胞分裂减少，导致幼儿生长发育迟缓、停滞、性发育延迟、智能发育迟缓、伤口愈合不良、食欲减退，甚至发生异食癖。
方法技巧：考生可通过下列表格，有针对性地记忆幼儿缺乏某些营养物质的危害：

缺乏的营养物质	危害
钙	影响骨骼和牙齿的发育，容易引发佝偻病
铁	易患缺铁性贫血
锌	容易导致幼儿生长发育迟缓、停滞、性发育延迟、智能发育迟缓、伤口愈合不良、食欲减退，甚至发生异食癖
碘	甲状腺肿大
维生素A	易患夜盲症和干眼病
维生素D	易患佝偻病
维生素B_1	易患“脚气病”
维生素C	易患坏血病

10. C 【解析】本题考查维果斯基的“最近发展区”理论。维果斯基认为，儿童的发展有两种水平，其现有水平与可能达到的发展水平之间的差异就是“最近发展区”。首先，题干中俊俊能够通过主动询问的方式加入另两名幼儿的游戏，说明其已经达到“找到喜欢的玩伴”和“使用一定的策略加入游戏小组”的水平；其次，俊俊在询问中提出“我来当爸爸炒点菜”表明俊俊已能够在游戏中讨论相应的角色行为。因此A、B、D三项均属于俊俊的现有水平。但从俊俊的社会性发展来看，题干中俊俊虽然加入了另两名幼儿的游戏，不过他们之间并没有合作，也没有共同的目标，所以尚未达到合作游戏的水平。因此，“在角色游戏中进行合作性互动”即为俊俊的最近发展区。故本题选C。

二、简答题(参考答案)

11. 简述经济发展和学前教育发展的关系。
经济发展和学前教育发展的关系包括两个方面：
(1)经济发展是学前教育发展的基础。一定的经济发展水平为学前教育提供了经济条件，并对学前教育发展提出了一定的要求。具体体现在以下几个方面：①经济发展是学前教育发展的物质基础；②经济发展决定着学前教育发展的规模和速度；③经济发展引发的经济结构变革影响着学前教育结构的变化；④经济发展水平制约着学前教育的任务、内容和手段。
(2)学前教育对社会经济发展起着巨大的促进作用。①学前教育能够促进社会物质资料的生产和再生产；②学前教育作为教育的一部分，是提高社会劳动生产率的重要因素。

12. 简述幼儿口语表达能力的发展趋势。
幼儿口语表达能力的发展趋势如下：
(1)对话言语的发展和独白言语的出现。从交际的方式而言，口语可分为对话式和独白式两种。对话是两个人之间互相交谈；独白则是一个人独自向听者讲述。随着幼儿活动的增多和丰富，幼儿不仅能在对话中与他人自由交谈，也逐渐学会独立地向别人表达自己的想法，独白言语随之出现。
(2)情境性言语的发展和连贯性言语的产生。3～4岁的幼儿，甚至5岁的幼儿言语仍带有情境性。随着年龄的增长，幼儿连贯性言语逐渐得到发展。6～7岁幼儿开始能把整个思想内容前后一贯地表述，能用完整的句子说明上下文的逻辑关系。
(3)讲述逻辑性的发展。
(4)掌握言语表情技巧。

三、论述题(参考答案)

13. 试述科学安排幼儿园一日生活的原则。
科学安排幼儿园一日生活对幼儿的成长和发展具有重要的意义和影响，因此，教师在安排幼儿园一日生活时应遵循以下原则：
(1)时间安排应有相对的稳定性与灵活性，既有利于形成秩序，又能满足幼儿的合理需要，照顾到个体差异；
(2)教师直接指导的活动和间接指导的活动相结合，保证幼儿每天有适当的自主选择和自由活动时间，教师直接指导的集体活动要能保证幼儿的积极参与，避免时间的隐性浪费；
(3)尽量减少不必要的集体行动和过渡环节，减少和消除消极等待现象；
(4)建立良好的常规，避免不必要的管理行为，逐步引导幼儿学习自我管理。

四、材料分析题(参考答案)

14. (1)通过对材料的分析，我们可以看出小班幼儿上下楼梯的动作发展具有以下特点：
①幼儿上下楼梯的动作发展具有顺序性和规律性。幼儿动作的发展，先从粗大动作开始，而后才学会比较精细的动作。除此之外，幼儿在学习上下楼梯时，往往是先掌握上楼梯的动作，后掌握下楼梯的动作。材料中两名幼儿上楼时并

没有借助扶手,而是双脚交替上楼梯,表明他们的大肌肉动作已经得到了一定程度的锻炼。同时,由于小班幼儿年龄较小,身体发育尚不完善,动作不够协调,所以部分幼儿还很难做到双脚交替灵活地下楼梯,两者都说明幼儿动作发展具有一定的规律和顺序。

②幼儿上下楼梯的动作发展具有个别差异性。《3～6岁儿童学习与发展指南》中指出,3～4岁幼儿应能做到双脚灵活交替上下楼梯。但是,每个儿童在沿着相似进程发展的过程中,各自的发展速度和到达某一水平的时间不完全相同。材料中两名幼儿下楼梯时的不同表现正体现了他们之间的个体差异性。

(2)两名幼儿表现的差异主要体现在下楼梯时,小明能够扶着扶手双脚交替下楼梯,而甘甘则没有借助扶手,每级台阶都是一只脚先下,另一只脚慢慢跟上。这表明,小明已能够借助外物去保持自己身体的平衡并且动作较协调、灵活,而甘甘的动作协调、灵活程度还有待提高。两名幼儿动作表现差异的可能原因如下:

①遗传因素的差异是造成学前儿童个体差异的原因之一,同时,遗传素质的成熟制约着身心发展的水平及阶段。小明和甘甘在下楼梯时表现出的动作差异会因二者的遗传素质和生理成熟水平不同而有所不同。

②教育在学前儿童的身心发展中起着主导作用,幼儿教育的实施直接影响学前儿童身心素质的发展。材料中小明和甘甘在下楼梯时采用的不同方法极有可能是受到了家长教育意识和方式的影响。

③幼儿的主观能动性是幼儿进行学习的心理基础,外部环境和教育的影响均要通过幼儿的主动选择和吸收才能转化为幼儿的身心素质。除此之外,幼儿的主观能动性对幼儿的身心发展也能起到一定的指导作用和调控作用。材料中小明敢于双脚交替下楼梯,一定程度上也是发挥自己主观能动性的结果。

15. (1)从材料中可以看出幼儿从上述活动中获得了体力、认知、情感、社会性等方面的经验。

(2)①从体力方面来看,幼儿在游戏活动中能够锻炼身体,促进正常的生长发育。材料中,幼儿通过连接竹片可以训练手部肌肉,使手指活动变得越来越精确。除此之外,幼儿通过控制自己的动作使乒乓球从一头滚落到另一头,有利于增强自己的动作协调性和稳定性。

②从认知方面来看,通过游戏,幼儿开始认识世界,了解事物之间的关系,知识、能力都得到了相应的发展。首先,游戏丰富了幼儿的知识。材料中,幼儿通过调节连接的竹片,可以获得关于高低、远近、倾斜度等概念的认识;其次,通过解决游戏中遇到的诸多困难,幼儿提升了自己的问题解决能力;最后,幼儿在合作游戏中产生了交往的需要,通过游戏幼儿可以扩大自己的词汇量,加深对词义的理解,语言表达能力也得到了一定程度的提高。

③从情感方面来看,游戏能使幼儿充分体验到快乐之情。材料中的幼儿通过不断的尝试最终使球落到了竹筒里,这一结果有利于帮助他们获得成就感和自信心。

④从社会性方面来看,游戏为幼儿提供了大量交往的机会,使幼儿逐步学会了认识自己和同伴,并能正确地处理自己和同伴之间的关系,加快幼儿的社会化进程。材料中幼儿通过与同伴的交流、协商与合作积累了社会交往经验,在一定程度上提高了幼儿的社会交往能力。

方法技巧:游戏的功能这类题是这几年考试中考查频率较高的材料分析题,考生在做此类题时,可以记住一些答题小技巧,只要是题干中问到游戏的价值、意义、作用、功能或者幼儿可以从中获得的经验都可以从德、智、体三个方面来回答。

五、活动设计题(参考答案)

16. 中班社会活动《不懂分享的大白鹅》

(一)活动目标

(1)能认真倾听大白鹅的故事并自由表达自己的看法;

(2)知道争抢玩具是不礼貌的行为,懂得玩别人的玩具要先征得对方同意;

(3)愿意和同伴分享自己的玩具,体会大家一起玩的快乐。

(二)活动准备

大白鹅玩偶、图片、PPT课件、少量玩具

(三)活动过程

1. 活动导入

情景导入,引起幼儿的兴趣

教师出示大白鹅的玩偶,并以大白鹅的口吻来介绍自己,引起幼儿的兴趣,从而引出活动主题。

师:小朋友们好,我是大白鹅,我现在很伤心,小朋友们都不愿意和我玩,你们愿意来帮帮我吗?

2. 活动展开

(1)教师讲述故事,初步感知故事内容

教师引导幼儿边看图片边听故事,引导幼儿了解大白鹅和其他动物之间的争抢玩具现象。

师:小朋友们,大白鹅发生了什么事情呢?为什么呢?

(2)展开讨论,深入理解故事内容

教师引导幼儿围绕怎么帮助大白鹅解决困难展开讨论,激发幼儿思考。

师:大白鹅的做法对吗?你喜欢它这种方式吗?你认为它应该怎么做?

(3)提供玩具,巩固提高幼儿的分享意识

教师把提前准备好的玩具(玩具数量少于人数

数量)分发给幼儿,让他们自由结合,通过和其他小朋友一起玩玩具,让幼儿懂得分享的重要性,体会到分享的快乐。

3. 活动结束

教师总结:小朋友们,我们在玩玩具的时候呀,一定要文明、礼貌。如果我们想玩别人的玩具,一定要先问问他愿不愿意让我们玩。当他同意让我们玩了,我们要说"谢谢"。如果我们有玩具的话,也可以邀请别人跟我们一起玩。

(四)活动延伸

教师引导幼儿回家后,把在幼儿园学到的与人分享的道理,讲给爸爸妈妈听,让爸爸妈妈也来做一个懂得分享的人。

2019 年上半年中小学教师资格考试真题试卷(四)

一、单项选择题

1. A 【解析】本题考查我国幼儿园教育的任务。我国幼儿园具有为幼儿和幼儿家长服务的"双重任务",其一是对幼儿实施保育和教育;其二是面向幼儿家长提供科学育儿指导,故本题选 A。

2. C 【解析】本题考查幼儿注意的特点。幼儿能够认真完整地听完教师讲的故事,说明幼儿的注意力一直维持在教师的讲述活动中,体现了幼儿注意的稳定性。

   注意的选择性是指注意具有选择信息的功能。(1)幼儿注意的选择性在很大程度上是由幼儿的兴趣和情绪引起的;(2)幼儿注意的选择性与幼儿的理解水平和幼儿的经验有密切关系;(3)幼儿注意的选择性受强化方式的影响,常见的强化方式有鼓励、表扬和批评、惩罚。

   注意的广度也叫注意的范围,它是指一个人在同一时间内能够清楚地察觉和把握对象的数量。"一目十行""眼观六路",指的都是注意的范围。幼儿注意的范围比较小,但随着年龄的增长,注意的范围在逐渐扩大。

   注意的分配是指在同一时间内,把注意分配到两种或几种不同的对象与活动上。在良好的教育条件下,随着年龄的增长,幼儿注意分配的能力逐渐提高。

3. A 【解析】本题考查幼儿思维的特点。具体形象思维是指幼儿依靠事物在头脑中的具体形象进行的思维,即依靠具体事物的表象以及对具体形象的联想而进行的思维。小红的计算需要依靠花生这一具体事物来进行,一旦脱离这一具体事物就无法进行计算了,说明小红的思维离不开事物的具体形象,因此具有具体形象性。

4. B 【解析】本题考查布卢姆教育目标分类学。布卢姆将教育目标划分为认知、情感、动作技能三大类,分别涵盖三个不同的方面。题干中"了解青蛙的生长发育过程"是知识的掌握和理解,因此属于认知目标。情感领域的目标主要包括兴趣、态度、习惯和价值观等方面的形成、发展。动作技能领域的目标主要包括神经肌肉协调的操作技能、动作技能和行动等方面。

   方法技巧:幼儿园教育活动的目标表述可通过以下方法进行记忆:

   在情感态度方面,包括兴趣、爱好、态度、习惯的养成和好奇心、价值观的培养等;

   在认知方面,包括对知识的理解、记忆、掌握等;

   在技能方面,包括操作、表达、交往、创造等能力的形成。

5. C 【解析】本题考查幼儿言语的作用。儿童的自言自语有着自我调节的功能,通过组织自身的行为以达到目的。通常表现在幼儿进行某些活动时,他们会用语言将自己的行为进行描述和确认。情感表达是指通过语言表达自己的情绪。自言自语就是婴幼儿调节自己情绪的方式之一,尤其是在愤怒、失望、伤心等情绪出现时,幼儿通过自言自语进行自我安抚。题干中幼儿通过自言自语来指导自己当前的行动,使行动与言语相配合,体现的是幼儿言语的自我调节功能。

6. C 【解析】本题考查幼儿身体发育的规律。在人体各大系统中,神经系统是发育最早的系统,妊娠 3 个月时,胎儿的神经系统就已经基本发育完善。淋巴系统的发育也比较早,10 岁左右达到高峰,12 岁左右淋巴系统几乎达到成人时期的 200%;而生殖系统在出生头 12 年里几乎没什么发育,到青春期迅速发育,并很快达到成人水平。

7. D 【解析】本题考查活动区材料的投放。题干中教师在活动区提供多层次的活动材料让幼儿自选,既能满足全体幼儿的一般需要,又能够关注到幼儿的个体差异,使幼儿在原有水平上获得发展。因此,教师遵循的是幼儿心理发展的差异性原则,故本题选 D。

8. D 【解析】本题考查幼儿园教师的角色。《幼儿园教育指导纲要》中提出,教师应成为幼儿学习活动的支持者、合作者、引导者。题干中"幼儿园教师要能够接住幼儿抛来的'球',并用恰当的方式把'球'抛回给幼儿"是指教师要以伙伴的身份参与到幼儿的学习活动当中,与幼儿共同推动学习活动的进行。因此,该说法体现的是教师是幼儿学习活动的"合作者",故本题选 D。

9. B 【解析】本题考查《3~6 岁儿童学习与发展指南》。《指南》中幼儿"表现与创造"的教育建议指出,"幼儿绘画时,不宜提供范画,特别不应要求幼儿完全按照范画来画",故 B 项说法错误。

10. B 【解析】本题考查维果斯基的"最近发展区"

理论。题干中芳芳在数积木的时候能够按物点数,并能在点数完成之后说出总数,说明C项属于芳芳的已有水平,故首先排除C项。A项,"认识和命名更多的几何图形"属于幼儿感知形状和空间关系的发展,与本题无关,故排除。D项,"通过实物操作进行10以内的加减法"是在幼儿按群计数能力的基础上才能得到发展的,对芳芳来说难度较大,故排除。B项,"接着数"强调的是幼儿的按群计数能力,恰好是芳芳现有水平的更高一级,因此B项最贴近芳芳的最近发展区,故本题选B。

方法技巧:维果斯基的"最近发展区"理论是考试的常考点,考查方式多为给出一个幼儿活动的案例,询问选项中哪一项最贴近幼儿的最近发展区。考生在遇到此类试题时,可先分析幼儿当前已有的水平,再根据幼儿的心理发展特点和年龄特点分析幼儿能在成人帮助下达到的水平,从而选出正确选项。需要注意的是,选项中有些表述是幼儿即使在成人的帮助下也很难达到的水平,迷惑性较大,在做题时需要辨别。

二、简答题(参考答案)

11. 列出幼儿园课程生活化的实施要求并分别举例说明。

(1)幼儿园课程内容选择的生活化。《幼儿园教育指导纲要(试行)》中指出:教育活动内容的组织应充分考虑幼儿的学习特点和认识规律,各领域的内容要有机联系,相互渗透,注重综合性、趣味性、活动性,寓教育于生活、游戏之中。例如:课程内容的安排可依据节日顺序来展开,或者依据时令、季节变化规律来组织等。

(2)幼儿园课程资源利用的生活化。陶行知先生主张"社会即学校",认为学前教育机构的教育不能局限于狭小的教室,应让幼儿回归大自然、大社会的怀抱。例如:主题活动"春天",教师可利用春天的树木、景色变化等自然资源组织活动;幼儿园中组织"安全防火活动"时,也可利用幼儿家长的职业进行课程组织。

(3)幼儿园课程教学实施的生活化。根据幼儿的年龄特点,将富有教育意义的生活内容纳入课程领域,课程实施中教师应为幼儿创设多种多样的生活化学习情境,加强教育同生活的联系,将学前儿童在各种情境中的经验加以整合。例如:为了了解秋天的变化,教师可组织"金色的秋天"主题活动,带领幼儿到户外摘果实、捡树叶,满足幼儿的探索心理,使幼儿真正了解秋天的特点。

12. 教师可以从哪些方面观察幼儿的注意力是否集中?

注意力的集中是指注意能在较长一段时间内集中于特定的对象而没有松弛或分散的现象。教师可以从以下几个方面观察幼儿的注意力是否集中:幼儿在集体教育活动和游戏中的注意类型、注意维持的时间和注意发生时的行为表现。

(1)注意类型:注意分为无意注意和有意注意两种。无意注意是无预定目的且不需意志努力的注意,它主要受刺激物本身特点的影响,包括刺激物的强度、新异性、运动变化及对比关系等;有意注意是有预定目的并且需要意志努力的注意。当主体对活动有明确的目的,并具有坚强的意志和抗干扰能力时,能保持较高水平的有意注意。

(2)注意维持的时间:在良好的教育环境下,3岁幼儿能集中注意3~5分钟;4岁幼儿能集中注意10分钟左右;5~6岁幼儿能集中注意15分钟左右。如果教师组织得法,5~6岁幼儿可以集中注意20分钟。

(3)注意发生时的行为表现:①适应性运动。幼儿在注意某一对象时,通常会形成有利于指向和集中的动作和状态。如注意听时的"侧耳倾听",注意看时的"目不转睛",注意想时的"全神贯注"。②无关运动停止。当注意发生时,幼儿会终止与注意无关的动作。例如,当幼儿注意听讲时,会停止小动作或不再交头接耳,表现得非常专注和安静。③生理运动变化。注意发生时,幼儿的呼吸会变得轻微和缓慢,而且呼吸时间也发生变化,通常是呼得更长、吸得短促。

教师也可在一日生活的各个环节中观察幼儿在进行各项活动时是否能够按照老师的要求顺利进行。

三、论述题(参考答案)

13. 幼儿园集体教学活动和游戏的涵义分别是什么?试述两者的区别与联系。

涵义:幼儿园集体教学活动一般是在教师直接指导下进行的活动。它的特点是全班幼儿在同一时间内做相同的事情,活动过程以教师的引导和组织为主;游戏是一种主动、自愿、愉快、假想的社会性活动,是学前儿童获得知识最有效的手段。

(1)区别:①活动中的主体不同。游戏中幼儿是游戏的主人、是活动的真正主体,幼儿可以自由支配自己的活动,教师更多起到的是观察者和指导者的作用。而集体教学活动是在教师的引导与支持下所进行的教学活动,教师的参与支配程度相对更高。②活动的形式不同。集体教学活动是在教师的引导下有目的、有计划、全体幼儿在同一时间所进行的活动,具有集中性和统一性的特征。而游戏中幼儿的活动是自主的,可以通过集体的形式进行,也可以以小组或个别的形式组织。

(2)联系:①教育目的一致。游戏的内容与目的要围绕教学的目标进行,教师要使幼儿在游戏中获得的愉快体验与教学目标实现有机统一。

因此,教师既要熟悉游戏的理论,了解幼儿的身心发展水平、年龄特点、兴趣爱好,又要安排与之相适宜的教学活动,并与游戏结合在一起。

②两者互为补充。游戏是顺利开展集体教学活动的“温床”,集体教学活动又能提升和巩固儿童的知识经验。因此,教师在进行教学活动时要体现“寓教学于游戏”的教育理念,在课程游戏化的大背景下,幼儿园的游戏活动可以辅助集体教学活动,集体活动也可以用游戏的方式来开展,或者可以用游戏活动作为集体活动后的延伸,让游戏活动与集体教学活动做到有效衔接。

四、材料分析题(参考答案)

14. (1)亮亮更可能是小班的幼儿。

(2)①材料中亮亮的思维体现的是以自我为中心的特点。以自我为中心是指幼儿认为他人都是以与自己相同的方法去观察、思考和感觉事物的,而不能从他人的立场去认识和判断事物。材料中亮亮在回答老师问题的时候,并没有站到欣欣的角度去考虑,而是从自己的立场出发,理所当然地认为自己知道的事情欣欣也会知道。自我中心性是前运算阶段幼儿思维的典型特征,因此,可推断出亮亮正处于前运算阶段。

②材料中亮亮不能很好地将自己的观点和他人的观点区分开,认为别人想的和自己所知觉到的一样,是基于自己的信念做出了错误判断,因此,说明亮亮还处于错误信念阶段。一般认为,儿童到四五岁左右时才能理解错误信念,成功地完成“错误信念”任务。显然,此时的亮亮还达不到这一水平,故亮亮的表现更倾向于小班幼儿。

15. (1)王老师的做法更恰当。

(2)①幼儿是独立的人,因而有着他们自己的意愿和兴趣。显然,幼儿在按自己的意愿和兴趣活动时,他们对活动有很高的自主性。教师应予以尊重,而不能因为不符合自己的想法、经验就不予理睬、批评,甚至强行制止。材料中,李老师直接为幼儿提供了烧烤材料,没有尊重幼儿游戏的自主性;王老师与幼儿提前商量,让他们自己寻找材料,尊重了幼儿游戏的自主性。

②幼儿游戏会随着幼儿年龄的增长、身心的发展变化而发展,教师对幼儿游戏的指导应考虑这种发展,如象征性游戏在小班处于萌芽期、中班处于高峰期、大班处于高水平期,因此,在小班应多丰富幼儿的生活经验、吸引幼儿参与到象征性游戏当中;中班应尽量多地为幼儿提供多种条件,对其游戏进行引导;大班则可以减少玩象征性游戏的时间,增加幼儿在游戏中面对问题、思考问题、解决问题的机会。材料中的幼儿处于大班,但李老师在游戏前直接为幼儿准备各种设备和逼真的食材,代替幼儿解决了诸多问题,因此,并不利于幼儿自主性的发挥和问题解决能力的提高。而王老师则充分考虑到了幼儿游戏发展水平的年龄特点,提供给幼儿自主选择、自主决定的机会,故指导较为适宜。

五、活动设计题(参考答案)

16. 主题活动:《汽车》

主题活动总目标

(1)认识不同类型的汽车及用途,知道基本的交通常识;

(2)能对汽车进行分类,运用流畅的语言表达自己的想法;

(3)愿意探索汽车的奥秘,体会与同伴交流、合作的乐趣。

子活动一

大班科学活动《不一样的汽车》

(一)活动目标

(1)认识不同类型的汽车及它们各自的用途;

(2)能够根据汽车的不同用途进行分类;

(3)愿意和同伴交流与合作,体验与同伴一起探索的乐趣。

(二)活动准备

(1)经验准备:让儿童在生活中观察不同的汽车

(2)物质准备:关于汽车的动画片的剪辑(从《汽车总动员》《四驱小子》等关于汽车的动画片中挑出不同种类的汽车画面和情节);不同汽车的图片

(三)活动过程

1. 观看视频,引出话题

给幼儿观看关于不同种类汽车的剪辑视频,激发幼儿的兴趣,引发谈话主题。

师:小朋友们在刚才的视频中,都看到了哪些汽车呢?这些汽车是用来干什么的?和其他汽车相比,它们哪里长得不一样?

2. 小组讨论,继续深入了解汽车

教师将不同的汽车图片发给每个小组,幼儿小组讨论“不一样的汽车”,探索不同汽车的功能。

(1)引导幼儿区分客车和货车

师:专门用来载乘客的汽车是客车(展示图片);专门用来装运货物的汽车是货车(展示图片)。各组小朋友通过交流讨论小组内的图片,将客车、货车图片分好类,并向大家介绍小组讨论的结果。

(2)了解特殊用途的汽车

师:这是一辆什么汽车?你在哪里看见过吗?它有什么用途?(依次出示图片)这些车都有一个特殊的本领,你们还知道哪些特殊用途的汽车呢?

3. 幼儿小组合作,按照汽车的不同功用进行分类

师:小朋友们,我们已经知道了这么多不一样的汽车了,让我们一起将它们分分类吧!

(四)活动延伸

(1)“不一样的汽车”主题墙设计。鼓励幼儿在

生活中去发现其他不同的汽车，建议幼儿可以画下来，或者拍下来。将幼儿发现的不一样的汽车，以图画、照片的形式展示在主题墙上，引导幼儿分享、讲述。

(2)"送玩具车回家"活动。建议幼儿带来自己的汽车玩具，让幼儿将手中的玩具汽车按客车、货车、特殊功用的车分别停放进1号、2号、3号停车场。

子活动二

大班语言活动《甜甜村》

活动目标

(1)能认真倾听故事《甜甜村》，了解汽车与人类的关系以及汽车尾气带来的危害；

(2)体验身处无汽车尾气污染的清新环境中的快乐；

(3)能用流畅的语言积极表达自己理想中的环保汽车。

子活动三

大班社会活动《小小交通员》

活动目标

(1)了解基本的交通规则，学会简单的交通指挥手势；

(2)体验交通警察的工作内容，激发对交警的尊敬之情；

(3)能够自觉遵守交通规则。

2018年下半年中小学教师资格考试真题试卷(五)

一、单项选择题

1. A 【解析】本题考查小班幼儿角色游戏的特点。小班幼儿角色游戏的特点：(1)幼儿处于独自游戏、平行游戏的高峰期，主要与游戏材料发生联系，与伙伴之间的交往较少；(2)角色意识不强，对操作游戏材料或模仿成人动作较感兴趣；(3)游戏主题单一、情节简单。题干中小班幼儿在玩"娃娃家"的游戏时，经常会出现多个同一角色，说明小班幼儿喜欢模仿其他人的行为，看到别人玩什么就会玩什么。

2. C 【解析】本题考查《3～6岁儿童学习与发展指南》。《指南》中明确指出，每个幼儿在沿着相似进程发展的过程中，各自的发展速度和到达某一水平的时间不完全相同。C项要求幼儿在同一时间达成同样目标，是无视幼儿发展的个体差异的表现。因此该观点不妥，故本题选C。

3. B 【解析】本题考查幼儿生活保健常识。幼儿期，儿童的骨骼发育还没有定型，鼓励幼儿睡硬床能够帮助幼儿骨骼正常发育，故本题选B。

4. B 【解析】本题考查《幼儿园教育指导纲要(试行)》。《幼儿园教育指导纲要(试行)》指出，"教师应成为幼儿学习活动的支持者、合作者和引导者"。

5. C 【解析】本题考查笑的类型。研究发现，从第5周开始，婴儿对社会性物体和非社会性物体的反应不同。人的出现，包括人脸、人声，最容易引起婴儿的笑，即婴儿开始出现"社会性微笑"。题干中人脸引发婴儿的微笑，即属于社会性微笑。

6. C 【解析】本题考查幼儿园教育活动内容选择的原则。题干中教师在重阳节组织幼儿到敬老院探访老人，将教学内容与幼儿的生活实际相结合，体现了幼儿园教育内容选择的生活性原则。
A选项，教育活动内容选择的兴趣性原则是指，幼儿的年龄特征决定了兴趣是直接支配他们学习的最大内在动力。教师要关注幼儿的兴趣，从他们感兴趣的事物中选择教育价值丰富的内容；教师要将必要的活动内容转化为幼儿的兴趣。
B选项，教育活动内容选择的时代性原则是指，幼儿园教育应不断吸收、补充或更新教育内容，以适应时代发展变化的要求。这就要求教师在选择教育活动的内容时，要突破已有教材或内容的限制，选取反映现代幼儿特点的内容，这样才能培养出符合教育目标和社会发展的未来人才。
D选项，教育活动内容选择的发展性原则是指，教育内容既要符合幼儿的现有水平，又要给予幼儿一定的挑战。

7. A 【解析】本题考查蒙台梭利的教育思想。蒙台梭利的教育理论包括：(1)幼儿自我学习的法则；(2)重视教育环境的作用；(3)教师的作用；(4)幼儿的自由和作业的组织相结合的原则；(5)重视感官教育；(6)重视敏感期的价值。故本题选A。

8. D 【解析】本题考查《幼儿园教育指导纲要(试行)》。《幼儿园教育指导纲要(试行)》指出，在日常活动和教育教学过程中应采用自然的方法进行评价，平时观察所获的具有典型意义的幼儿行为表现和所积累的各种作品等，是评价的重要依据。

9. B 【解析】本题考查学前儿童实物概念的发展。5～6、7岁的幼儿开始初步掌握物体较为本质的特征，如功用的特征或者若干特征的总和。但是，这一时期他们还不能按照物体的本质特征进行概括，形成实物概念。因此，"理解功能性特征"与大班幼儿的实物概念发展水平最接近。
方法技巧：学前儿童掌握实物概念的发展过程是：
(1)幼儿初期，幼儿所掌握的实物概念主要是他们熟悉的事物。给物体下定义多属直指型。例如，问幼儿："什么是狗？"他就会指着画上的或玩具说："这是狗！"

(2)幼儿中期,幼儿已能掌握事物某些比较突出的特征,由此获得事物的概念。他们给物体下定义多属列举型。这时幼儿对上面的问题就会回答:"狗有四条腿,还长着毛!看见小花猫就汪汪叫。"

(3)幼儿后期,幼儿开始初步掌握某一实物的较为本质特征,如功用的特征,或若干特征的总和。他们给物体下定义多为功用型,但仍有对事物的描述。他们对上面的问题会回答"狗是看门的","狗还可以帮人打猎","狗也是动物","狼狗最厉害"等。

10. A 【解析】本题考查《3~6岁儿童学习与发展指南》。《指南》中指出,3~4岁幼儿能够"认识常见的动植物,能注意并发现周围的动植物是多种多样的"。因此,A项最符合小班幼儿的发展水平。

二、简答题(参考答案)

11. 请依据皮亚杰的理论,简述2~4岁儿童思维的特点。

皮亚杰提出了认知发展阶段理论,他把儿童的认知发展分为感知运动阶段、前运算阶段、具体运算阶段和形式运算阶段,2~4岁儿童处于前运算阶段(2~7岁)中的象征思维阶段(2~4岁)。

根据皮亚杰的理论,2~4岁儿童思维具有如下特点:

(1)思维开始运用象征性符号进行,出现表征功能,或称象征性功能。

(2)此阶段幼儿不能掌握部分与整体的关系,常常运用"转导推理"。

(3)象征思维是"中心化"的思维,或称为"自我中心思维"。此阶段儿童在一个时间只能考虑到事物的一种特征,不能同时照顾两种特征,不能依据事物的客观联系和关系来解决问题,只凭自己的个别经验、个体意义的象征或所谓"信号物"进行思考。

12. 简述幼儿园美育的意义。

(1)对幼儿个体发展的意义:

①美育通过艺术形象的魅力,潜移默化地感染和熏陶幼儿的心灵,使幼儿在感受美的同时,发展积极向上的精神和活泼开朗的性格,产生美好的情感和情绪体验。

②美育帮助幼儿开阔视野、增长知识、发展智力。幼儿在艺术活动中实现着内在的认知活动和外在的表现活动的统一。

③美育通过艺术活动帮助幼儿借助形象化的方式认识世界,弥补了用语言和逻辑推理的方式进行学习的不足,有利于促进幼儿大脑左右半球的均衡发展。

(2)对社会的意义:

①美育是培养人良好的精神面貌的方法之一。人高尚的道德情操和道德行为与对美的追求常常是统一在一起的。因此,美育是建立文明社会不可缺少的部分。

②对幼儿实施美育有利于促进幼儿形成健全的人格,这就为提高全民族的素质奠定了基础。

三、论述题(参考答案)

13. 什么是幼儿园一日生活常规?试述培养幼儿一日生活常规的意义和方法。

(1)幼儿园一日生活常规指的是幼儿园为了培养幼儿良好的生活习惯和生活基本能力,确保幼儿健康成长而制定的幼儿园生活各环节的基本规则与要求。幼儿园一日生活常规是多方面的,具体包括:卫生常规、行为习惯常规、学习活动常规等。

(2)培养幼儿一日生活常规的意义:

①一日生活常规可以培养幼儿的生活规律,养成良好的行为习惯。幼儿园里的幼儿来自不同背景的家庭,有些幼儿由于各种原因生活作息没有规律,而幼儿园则会按照幼儿生理和心理的需要做出符合科学的合理安排。因此,幼儿生活在其中,能逐渐养成有规律的生活习惯、时间观念和有组织、有条理的办事能力,并逐步适应幼儿园的环境。

②一日生活常规可以帮助幼儿适应幼儿园环境,学习在集体中生活。幼儿园一日活动是为满足幼儿自身需要进行的,但在活动过程中,需要幼儿具备一定的知识技能以适应集体生活。幼儿园一日生活常规可以帮助幼儿在自身需要和客观要求的交互作用下,使幼儿逐步获得适应幼儿园环境的能力并且不断学习在集体中生活的方法。

③一日生活常规可以培养幼儿的自律能力,维持班级的秩序。幼儿能够通过遵守一日生活常规而逐渐培养自律能力,同时使班级秩序得以维护、幼儿园正常的游戏活动和教育活动得以进行。

④一日生活常规能够增强幼儿的安全感,有助于幼儿健康成长。幼儿在有规律的环境里生活才会感到安全,合理的常规有助于为孩子创造一种有序的、和谐的生活环境,使他们在心情愉快的情境中自然地形成一种符合其身心发展水平的规则意识和规范行为,同时促进幼儿身心健康发展。

(3)培养幼儿一日生活常规的方法有:

①榜样示范法;②渗透教育法;③评价激励法;④成果欣赏法;⑤图示观察法;⑥游戏练习法;⑦家园共育法。

四、材料分析题(参考答案)

14. (1)该材料体现出石头的同伴交往类型主要是被拒绝型。材料中石头有主动交往意愿,但是缺乏交往的技巧和方法,影响其同伴交往的因素有如下几方面:①幼儿自身的特征。首先,性别、长相、年龄等生理因素影响着幼儿被同伴选择和接纳的程度。不同性别的儿童交往方式是不同的,石头是男孩子,而材料中的林琳有可能是女孩子,则其交往的手段、方法都有一定的差异。石头的行为更加的直接、豪放,林琳相对来说比较文静、内敛,对于这样的交往方式难以接受。其次,幼儿的气质、能力、性格等个性特征和情感特征影响着他们对同伴的态度和交往中的行为特征。材料中石头的年龄特征为活泼好动、易冲动、喜欢交往,喜欢从事结伙和合作的游戏与活动,但是其交往的技能技巧欠缺,影响了幼儿之间的同伴关系;材料中石头的气质类型倾向于胆汁质,精力旺盛、好冲动,做事情前不善于进行一定的思考。②活动材料和活动性质。材料中的林琳独自玩游戏,说明林琳处于独自游戏阶段,而石头交往中并没有掌握社会性交往的技巧,直接"抱住"林琳,这样的举止打断了林琳的游戏进程,使得林琳出现反感、不舒服的现象,因此推开了石头。

(2)帮助儿童建立良好同伴关系,应从如下几方面入手:

①教会儿童合作,增强儿童的自信感。对于那些因为有鲁莽行为而遭到同伴拒绝的儿童,教师需要教他们如何用积极的方式解决冲突;而对于那些害羞和孤僻的儿童,可以引导他们与更小的儿童活动,从而增强其交往的信心,提高他们的社会交往能力。

②教会儿童游戏,提高儿童的参与度。一些不会游戏或对参与游戏缺乏方法的儿童,通过游戏可以学到被同伴群体接受的必要的社交技能,并能在游戏中改善与其他儿童的关系,从而进一步提高其交往技能。

③教会儿童接纳,融洽儿童的同伴关系。帮助被忽略型儿童和被拒绝型儿童积极和适当地对待同伴的参与,接纳他人的加入。

④教会儿童表达,培养儿童的积极情感。教师在幼儿的一日生活中应当注意引导幼儿说话礼貌,对同伴表示赞赏,微笑、拥抱、轮流做事(玩)、共享一些东西以及互相帮助等。

15. (1)更赞同B教师的想法。该教师支持幼儿的新玩法,这一理念符合游戏的基本特征。

①游戏是儿童主动的自愿的活动,自主性是游戏的最本质属性。材料中针对幼儿自发生成的"运病人"游戏,教师应予以充分的尊重,并支持幼儿进行游戏。

②游戏在假想中反映现实生活,重在过程,没有外在强加的目的,能够给幼儿带来愉悦的情绪体验。部分幼儿虽然没有按照教师的预设进行体育锻炼游戏,但他们在"运病人"游戏中有的拖、有的推、有的抬,玩得不亦乐乎,在这一过程中不知不觉获得了全方位的发展,得到了极大的满足感。因此,教师应当给予支持。

(2)"运病人"游戏是角色游戏,是幼儿通过扮演角色、运用想象,创造性地反映个人生活经验的一种游戏,属于创造性游戏。

"运病人"游戏的教育作用如下:

①促进幼儿认知和语言的发展。在"运病人"游戏中,幼儿可以增加关于照顾、运送病人方面的"医护"知识,并且促进其交流表达能力和思考问题、解决问题能力的提高。

②促进幼儿社会性的发展,在游戏中幼儿通过增加对"病人"这一角色的了解,体会爱护病人和关爱病人的情感,有利于克服自我中心化,学会理解他人。此外,在与同伴共同"推""抬"的过程中也提高了幼儿与同伴合作的能力。

③促进幼儿创造力的发展。"运病人"游戏是幼儿自发的游戏活动,并且幼儿在游戏中可以思考"运送"病人的多种方法,从而促进其创造性的发展。

④促进幼儿情感的发展。在"运病人"游戏中,幼儿可以体验各种情感,如友好、同情、责任心等。除此之外,幼儿在成功运送病人的过程中也会产生成就感和自豪感。

五、活动设计题(参考答案)

16. 主题活动:《我要上小学》

主题活动总目标

(1)初步感受小学生活的内容,并能通过多种形式进行表达;

(2)能理解指令、完成任务,具备初步的纪律意识和任务意识;

(3)发自内心地对小学生活充满期待之情。

子活动一

大班社会活动《我要上小学》

(一)活动目标

(1)了解小学生活的主要内容,懂得小学生活与幼儿园生活的不同;

(2)萌发对小学生活的好奇与向往之情;

(3)能听懂指令、完成任务,积极流畅地表达自己的想法。

(二)活动准备

音乐《早上好》、幼儿园毕业照、开学典礼和上课的小视频、红领巾和小学校服。

(三)活动过程

1. 活动导入

音乐导入,引出活动主题

教师播放音乐《早上好》,幼儿跟着音乐热身,激发幼儿活动的兴趣。

师:小朋友们,跟着老师一起来活动一下吧。

2. 活动展开

(1)图片形式,初步感知小学的生活

教师出示往年幼儿园大班小朋友的毕业照,通过观察图片引导幼儿思考,提问小朋友们幼儿园毕业之后要做什么,通过幼儿的回答引出"小学"的主题。

师:小朋友们,你们幼儿园毕业之后要做什么呢?

(2)视频形式,深入理解小学生活的内容与变化

观看小学开学典礼的小视频,通过升旗仪式让幼儿直观感知小学生活的内容与变化。

师:哪位小朋友能来说一说小学生活和幼儿园生活有什么区别呢?

(3)谈话形式,巩固提高幼儿对小学生活的向往

教师请小朋友试穿小学校服,并请小朋友围绕小学生活谈论自己的感受。

3. 活动结束

以小组为单位,到角色区畅想小学生活。

(四)活动延伸

带领幼儿参观小学。

子活动二

大班艺术活动《我上小学啦》

活动目标

(1)自然、真实地呈现自己心目中向往的小学生活内容;

(2)懂得欣赏并评价自己及同伴的作品,从中感受创作的快乐;

(3)绘画技能能够实现主题分明,内容丰富。

子活动三

大班健康活动《安全小能手》

活动目标

(1)具备安全意识和一定的警惕性;

(2)具备初步的自我保护能力;

(3)能够牢记并准确说出家庭中主要人员的信息和家庭住址,记住常用的报警电话。

2018 年上半年中小学教师资格考试真题试卷(六)

一、单项选择题

1. D 【解析】本题考查我国幼儿园教育的任务。《幼儿园工作规程》指出,幼儿园的任务之一是"贯彻国家的教育方针,按照保育与教育相结合的原则,遵循幼儿身心发展特点和规律,实施德、智、体、美等方面全面发展的教育,促进幼儿身心和谐发展",故本题选 D。

2. D 【解析】本题考查《3~6 岁儿童学习与发展指南》。《指南》中指出 4~5 岁幼儿"能用自然的、音量适中的声音基本准确地唱歌"。因此教师在组织中班幼儿歌唱活动时,正确的做法是要求幼儿用自然声音唱歌,故本题选 D。

3. A 【解析】本题考查学前儿童的基本情绪。婴儿期的基本情绪表现有哭、笑、生气和伤心、恐惧等。A 项,羞愧感从幼儿中期开始明显发展,不属于婴儿期出现的基本情绪体验,故本题选 A。

易错提示:儿童的基本情绪主要包括:高兴、惊奇、害怕、生气、伤心和厌恶等,是人类和其他物种普遍共有的。

儿童的社会情绪包括自豪、嫉妒、羞愧、内疚等。社会情绪主要分为自我意识情绪、自我预期情绪和依恋性社会情绪三类。自我意识情绪包括自豪、内疚、羞愧等;自我预期情绪包括后悔、嫉妒等;依恋性社会情绪包括爱、移情等。

4. B 【解析】本题考查幼儿处理同伴关系的能力划分。题干中幼儿协商处理玩伴关系的行为属于幼儿的同伴交往,体现的是幼儿的社会交往能力。

5. C 【解析】本题考查埃里克森的人格发展阶段理论。埃里克森的心理社会化发展理论认为,1~3 岁儿童的发展危机是自主感对羞耻感,此阶段幼儿的发展任务是获得自主感,克服羞怯和怀疑。故本题选 C。

A 选项,0~1 岁儿童的发展危机是基本的信任感对不信任感,发展任务是:满足生理上的需要,发展信任感,克服不信任感,体验着希望的实现。

B 选项,3~6 岁儿童的发展危机是主动感对内疚感,发展任务是:获得主动感,克服内疚感,体验着目的的实现。

D 选项,12~18 岁儿童的发展危机是自我同一性对角色混乱,发展任务是:建立同一感和防止同一感混乱,体验着忠诚的实现。

6. B 【解析】本题考查《3~6 岁儿童学习与发展指南》。《指南》中指出,3~4 岁幼儿"对周围的很多事物和现象感兴趣,经常问各种问题,或好奇地摆弄物品"。题干中小班幼儿在摆弄发声玩具时,也会对不同的声音产生兴趣,感受不同声音的特征,故本题选 B。A、C、D 三项所述需要幼儿具有一定的分析、概括和推理能力,对小班幼儿来说还较为困难。

7. A 【解析】本题考查《3~6 岁儿童学习与发展指南》。《指南》中指出,"引导幼儿感知和理解事物'量'的特征。如:感知常见事物的大小、多少、高矮、粗细等量的特征,学习使用相应的词汇描述这些特征"。故本题选 A。

8. B 【解析】本题考查《幼儿园教育指导纲要(试行)》。《纲要(试行)》中指出,艺术领域的目标主要包括:(1)能初步感受并喜爱环境、生活和艺术中的美;(2)喜欢参加艺术活动,并能大胆地表现自己的情感和体验;(3)能用自己喜欢的方式进行艺术表现活动。因此,幼儿园艺术教育的主要目标是培养幼儿的艺术感受和表达能力,故本题选 B。

9. D 【解析】本题考查陶行知的教育实践。陶行

知改变以往训练教师的制度，采用艺友制开展师范教育。艺友制是指学生和有经验的教师交朋友，在实践中学习如何做老师，方法是边做边学。

A 选项，讲授制是指教师运用口头语言系统连贯地向学生传授知识、技能，发展学生智力的教学方法。

B 选项，“五指活动”课程是由我国著名幼儿教育家陈鹤琴先生提出的，陈鹤琴先生认为“应当把幼稚园的课程打成一片，成为有系统的组织”。虽然他把课程划分为：健康活动、社会活动、科学活动、艺术活动、文学活动五项，但这五项是一个整体，如人的手指与手掌，手指只是手掌的一部分，其骨肉相连，血脉相通，因此被称为“五指活动”。

C 选项，感官教育在蒙台梭利教育中是重要内容。她认为 3～6 岁是幼儿身心迅速发展的时期，幼儿的各种感觉先后处于敏感期，因此必须对幼儿进行系统的和多方面的感官训练，使他们通过与外部世界的直接接触发展敏锐的感觉和观察力，为高级的智力活动和思维发展奠定基础。

10. C 【解析】本题考查皮亚杰认知发展阶段理论。著名的瑞士心理学家皮亚杰所设计的三山实验是证明幼儿自我中心思维的一个最典型的例证。

方法技巧：考生在做题时，需要记忆和区分的四个实验：

点红实验——研究儿童自我意识的发展；

三山实验——研究儿童的自我中心思维；

双生子爬楼梯实验——验证支配儿童心理发展的是成熟和学习两个因素；

延迟满足实验——研究儿童的自我控制能力和行为。

二、简答题（参考答案）

11. 婴幼儿调节负面情绪的主要策略有哪些？

(1)6 个月大的婴儿会通过转身避开引起消极情绪的刺激，或是寻找可以吸吮的对象。

(2)1 岁后的婴儿开始使用其他策略来减少不愉快的情绪，如摇晃自己的身体、咬东西（咬指甲）和避开引起他们不愉快的人或事物。18～24 个月的婴儿，开始有意识地控制那些让他们感到不舒服的人和物，而且，此时他们也开始能处理一些挫折事件，如在等待食物、索要礼物、等待游戏的时候，他们能让自己把视线转移开。这个年龄的婴儿已经能用皱眉和抿嘴唇的行为来抑制自己的生气或伤心的情绪了。

(3)3～6 岁的幼儿情绪调节和控制能力逐步增强，他们已经能够使用很多策略来调节和控制自己的情绪。①使用语言和认知策略来控制自己的情绪状态，如，自言自语，“打针不疼，打了针病就好了”；②通过限制感觉输入的方法来调节情绪，如“快闭上眼睛，我怕大鲨鱼”，或是闭上眼睛挡住强光，捂住耳朵防止刺耳的声；③通过改变目标来转换心情，如，被一个游戏小组拒绝后，决定参加另一个小组的游戏；④用一些愉快的念头来克服负面情绪，如“妈妈虽然离开我，但是等她回来我们就可以去看电影了”；⑤重新解释消极情绪产生的原因，如“他没有死，是在演戏，是假的”等。

12. 简述幼儿园教师的工作职责。

(1)观察了解幼儿，依据《幼儿园教育指导纲要（试行）》和《3～6 岁儿童学习与发展指南》，结合本班幼儿的发展水平和兴趣需要，制订和执行教育工作计划，合理安排幼儿一日生活。

(2)创设良好的教育环境，合理组织教育内容，提供丰富的玩具和游戏材料，开展适宜的教育活动。(3)严格执行幼儿园安全、卫生保健制度，指导并配合保育员管理本班幼儿生活，做好卫生保健工作。(4)与家长保持经常联系，了解幼儿家庭的教育环境，商讨符合幼儿特点的教育措施，相互配合共同完成教育任务。

(5)参加业务学习和保育教育研究活动。

(6)定期总结评估保教工作实效，接受园长的指导和检查。

三、论述题（参考答案）

13. 为什么要让幼儿通过直接感知、实际操作和亲身体验的方式进行学习？请结合实例分别说明。

让幼儿通过直接感知、实际操作和亲身体验的方式进行学习，主要是由幼儿的认知发展特点所决定的。

(1)幼儿的注意以无意注意为主，有意注意初步发展。抽象的讲解不仅不会吸引幼儿注意，反而会引起幼儿的疲劳，直接感知、实际操作和亲身体验的学习方式能够引起幼儿的无意注意，使幼儿将注意力长时间集中在所要学习、探究的事物上，有利于幼儿相关经验的内化与吸收。

(2)幼儿的无意记忆占优势，有意记忆逐渐发展。幼儿所获得的知识经验大多数是在日常生活和游戏等活动中无意识地、自然而然地记住的，直接感知、实际操作和亲身体验的学习方式可以让幼儿通过感知和操作无意识地识记相关的学习内容，这种识记效果远远好于机械识记的效果。

(3)幼儿的形象记忆占优势，语词记忆逐渐发展。形象记忆是根据具体的形象来识记各种材料。在儿童语言发生之前，其记忆内容只有事物的形象，即只有形象记忆。儿童语言发生后，直到整个幼儿期，形象记忆仍然占主要地位。幼儿最容易记住的是那些具体的、直观形象的材料，最难记住的是那些概括性比较高、比较抽象的语词材料。直接感知、实际操作和亲身体验的学习方式可以让幼儿通过记忆事物、现象的相关形象获得自身发展。
(4)幼儿的思维以具体形象思维为主,即幼儿主要依靠事物在头脑中的具体形象进行思维。直接感知、实际操作和亲身体验的学习方式能够让幼儿积累起丰富的表象,为幼儿思维的发展奠定基础。
(5)幼儿的言语发展水平有限,尚不能理解抽象、复杂的言语讲解。直接感知、实际操作和亲身体验的学习方式能够让幼儿通过具体感知和操作理解事物之间的关系,从而获得相关经验。
总之,教师要为幼儿创设丰富的教育环境,合理安排一日生活,最大限度地支持和满足幼儿通过直接感知、实际操作和亲身体验获取经验的需要,严禁"拔苗助长"式的超前教育和强化训练。

四、材料分析题(参考答案)

14. (1)中班幼儿由于道德感发展、希望引起教师关注、独立解决问题的能力较差等原因,导致经常出现"告状"行为。①道德感是幼儿评价自己或其他幼儿的行为是否符合社会道德行为标准时所产生的内心体验。幼儿"告状"行为最主要的原因是中班幼儿道德感的发展,中班幼儿已经能够比较明显地掌握一些概括化的道德标准,会因为自己在活动中遵守老师的要求而产生快乐。此阶段幼儿关心自己的行为是否符合道德标准,同时也开始关注其他幼儿的行为是否符合道德标准,并由此产生相应的情感。当幼儿认为同伴的行为不符合道德标准时,即会出现材料中所述的"告状"行为。②中班幼儿爱告状也有可能是为了引起教师的关注,吸引教师的注意力。在幼儿园里,幼儿向教师传达信息的渠道一般都是告状,通过告状引起老师的注意,表达他们的想法。③中班幼儿的年龄大多在4~5岁,此时他们的思维具有自我中心的特点,在考虑问题时总是先考虑自己的感受,维护自己的利益,不能理解别人的心情;遇到事情也不能清楚地表达自己的想法,不能友好地和同伴讲话以解决他们之间的矛盾,所以往往通过告状来解决问题。
(2)大班幼儿告状行为减少,原因有如下几方面:①大班幼儿的道德感有了进一步发展和复杂化,他们对好与坏、好人与坏人,有明确的感情,幼儿爱小朋友、爱集体等情感也已经有了一定的稳定性。所以相比小、中班幼儿,大班幼儿有着比较独立的道德判断,不再单纯地依赖于成人来维护"正义"。所以,大班幼儿的告状行为有所减少。②大班幼儿的羞愧感或内疚感也开始发展起来,幼儿对自己出现的错误行为会感到羞愧,能进行初步的自我评价,所以幼儿的告状行为有所减少。③大班幼儿的独立性有所发展。幼儿不再单纯地依赖老师去解决问题,而是能够和同伴共同协商解决。
因此,教师可以通过游戏和日常生活,培养幼儿对是非的判断能力和评价能力,提供给幼儿独立解决问题的机会,不断增强幼儿的独立性。幼儿的告状行为自然而然就会减少。

15. (1)郭老师不应该投放绘画步骤图。原因如下:《指南》中指出:①幼儿绘画能力的主旨在于审美能力、创造能力的提升。②在幼儿进行绘画时,不宜提供范画,特别不应要求幼儿完全按照范画来画。材料中郭老师的做法会扼杀幼儿的想象力、创造力和表现力,不利于扩展幼儿的绘画想象空间,同时也不利于活动的趣味性开展和启发性引导。故不应提供"步骤图"。
(2)教育建议:应遵循《指南》《纲要》等相关要求,做到以下几点:①在绘画前,使幼儿回归生活,鼓励幼儿在生活中细心观察、体验,为艺术活动积累经验与素材。如观察各种车的形态、类型等。②在绘画过程中亦可进行作品欣赏,让幼儿自主选择创作方式,同时提供丰富的形象材料,允许幼儿用自己喜欢的方式去模仿或创作,成人不做过多要求。③根据幼儿的生活经验,与幼儿共同确定艺术表现的主题,引导幼儿围绕主题展开想象。④创作后,肯定幼儿作品的优点,用表达自己感受的方式引导其提高。
总之,幼儿艺术领域学习的关键在于充分创造条件和机会,使幼儿在大自然和社会文化生活中萌发对美的感受和体验,丰富其想象力和创造力,引导幼儿学会用心灵去感受美和发现美,用自己的方式去表现美和创造美。中班幼儿的绘画能力正处于象征期发展阶段,应尊重幼儿自发的表现和创造,从多角度引导幼儿进行艺术感受,并鼓励幼儿自由进行艺术创造。

五、活动设计题(参考答案)

16. 主题活动:《春天》
主题活动总目标
(1)知道春天的主要特征,了解种子的不同种类和生长过程;
(2)能用流畅的语言描述春天的特征,会使用记录表记录种子的变化过程;
(3)愿意感受春天的美,具备初步的探究意识和合作精神。
子活动一
大班语言活动《春风吹》
(一)活动目标
(1)了解春天景物的主要变化,知道春天的季节特征;
(2)能用完整的语句描述春天美丽的景色;
(3)感受春天的美,萌发对大自然的喜爱之情。
(二)活动准备
物质准备:教育挂图《春天真美》;儿歌《春风》、播放器;图画纸、画笔。

(三)活动过程

1. 活动导入

教师提问,引出活动主题

师:小朋友们,春天是什么样子的呀?谁来说一说?

2. 活动展开

(1)图片形式,初步感知春天的景色

教师出示教育挂图《春天真美》,引导幼儿观察,并鼓励幼儿用完整的句子描述春天美丽的景色。

(2)儿歌形式,深入理解春天的变化

教师播放儿歌《春风》,让幼儿听1~2遍,启发幼儿配合响板的节奏,跟着教师一起朗诵儿歌《春风》;引导幼儿说一说儿歌中说了些什么,哪些句子描写了春天美丽的景色。

(3)创编形式,巩固提高幼儿对春天的认识

鼓励幼儿根据自己的经验和兴趣,改编或创编有关春天的儿歌,并与同伴交流分享。

3. 活动结束

教师总结,幼儿休息。

(四)活动延伸

鼓励幼儿为儿歌《春风》或自己创编的儿歌画一幅画,引导幼儿向同伴介绍自己的绘画作品。

子活动二

大班科学活动《奇妙的种子》

活动目标

(1)了解不同种子的特征和功能;

(2)能辨别不同植物的种子,按照不同维度给种子分类;

(3)能认真细致地观察种子,乐意与同伴交流、讨论。

子活动三

大班科学活动《种子发芽了》

活动目标

(1)知道种子发芽需要具备的基本条件及种子发芽的大致过程;

(2)学会制作观察记录表并能完整记录种子发芽的过程;

(3)体验种子发芽试验的乐趣,具备初步的探究精神。

2017 年下半年中小学教师资格考试真题试卷(七)

一、单项选择题

1. B 【解析】本题考查幼儿依恋的类型。美国心理学家爱因斯沃斯等人研究了母亲喂养方式对儿童依恋的影响,发现婴儿产生安全型依恋的母亲多能保持一致的、稳定的敏感、接纳、合作、易接近等特征。故如果母亲具有上述特征,其婴儿容易形成安全型依恋,本题选 B。

易错提示: 幼儿依恋的类型是常考点,幼儿形成不同依恋的原因考生也需要理解并区分。

爱因斯沃斯等人对母亲抚养类型与婴儿依恋间的关系进行研究,从敏感—不敏感、接受—拒绝、合作—干扰、易接近—忽略4个方面评定母亲抚养的行为特征,结果发现,婴儿产生安全型依恋的母亲多能保持一致的、稳定的敏感、接纳、合作、易接近等特征;而婴儿产生回避型依恋的母亲则倾向于不敏感、拒绝;婴儿产生反抗型依恋的母亲倾向于干涉或忽略、拒绝。

2. A 【解析】本题考查幼儿教育的原则。正面教育是指教师从正面、积极的角度去鼓励和引导幼儿,为幼儿提供正面积极的范例。题干中教师对幼儿反复使用“不准”等否定词,违背了幼儿教育中的正面教育原则。

3. A 【解析】本题考查婴幼儿感觉的发展。在婴儿的所有感觉器官中,眼睛是最活跃、最主动、最重要的感官,而视觉却是新生儿身上最不成熟的感觉。故本题选 A。

4. D 【解析】本题考查小班幼儿角色游戏的特点。题干中,小班“医院”存在六位“小医生”,他们都积极地为老师看病、打针,忙着自己的工作,但他们并没有意识到彼此的角色和行为都是重复的,也没有进行很好的沟通与合作,说明他们仍处于平行游戏的状态。

5. B 【解析】本题考查《幼儿园工作规程》。B 项,指导调配幼儿膳食,检查食品卫生的是保健人员,而非幼儿园教师。

6. C 【解析】本题考查幼儿自我控制能力的发展。延迟满足实验,又称棉花糖实验,是研究儿童自我控制能力和行为的经典实验。

7. C 【解析】本题考查《3~6 岁儿童学习与发展指南》。《指南》中指出,要“尊重幼儿自发的表现和创造,并给予适当的指导”。C 项,“询问小彤画长翅膀的妈妈的原因,接纳他的想法”,体现了教师对幼儿艺术表现的尊重和理解,因此该做法合理,故本题选 C。

8. A 【解析】本题考查《幼儿园工作规程》。《规程》中指出,“幼儿园应当培养幼儿良好的大小便习惯,不得限制幼儿便溺的次数、时间等”。因此,教师应当允许幼儿按需自由如厕,故本题选 A。

9. D 【解析】本题考查《3~6 岁儿童学习与发展指南》。《3~6 岁儿童学习与发展指南》语言领域有关“认真听并能听懂常用语言”的目标,具体对大班幼儿提出了“能结合情境理解一些表示因果、假设等关系的相对复杂的句子”的要求。故本题选 D。

10. B 【解析】本题考查常见的传染病及预防。水

痘的皮疹特点为向心性,先见于头皮、面部,慢慢延至躯干、四肢,故本题选 B。

A 选项,麻疹是由麻疹病毒引起的急性出疹性传染病,症状为:发热同时出现上呼吸道炎症。

C 选项,手足口病主要发生于学前儿童,症状为:(1)潜伏期4~6日。最先出现轻微的症状,如发烧、全身不适、咳嗽、咽痛等。(2)在指(趾)的背面、侧缘、手掌、足跖,尤其是指(趾)甲的周围,有时在臀部、躯干四肢发生红色斑丘疹,很快发展为水疱。(3)口腔内在舌、硬腭、颊黏膜、齿龈上发生水疱,破溃后形成潜在的糜烂,可因疼痛影响进食。

D 选项,猩红热是由带菌飞沫经呼吸道传播给易感者,也可通过污染玩具、物品、食物等经口传播。症状为:起病急,患儿寒战、发热,体温一般为 38℃ ~39℃,重者可达 40℃以上,全身不适,咽及扁桃体显著充血,也可见脓性渗出物,舌乳头红肿,有“杨梅舌”之称。

二、简答题(参考答案)

11. 简述移情对儿童亲社会性行为发展的影响。

移情是指从他人的角度来考虑问题。不论是社会生活环境的影响,还是幼儿具体生活环境的影响,最终都要通过幼儿的移情起作用。对幼儿来说,由于其认识的局限,特别容易自我中心地考虑问题,因此,帮助幼儿从他人角度考虑问题,是发展幼儿亲社会行为的主要途径。移情一方面可以使幼儿摆脱自我中心,产生利他思想,从而形成亲社会行为;另一方面,移情可以引起儿童的情感共鸣,使儿童产生同情心和羞愧感。所以,移情是导致幼儿产生亲社会行为的最根本、最内在的因素。

12. 为什么幼儿园教育内容要贴近幼儿生活?

幼儿园教育内容要贴近幼儿生活的原因如下:

(1)学前儿童生理、心理的特点决定了对儿童的教育要特别注重生活化,并发挥一日活动的整体功能。生活化首先是指教育生活化,也就是说要将富有教育意义的生活内容纳入课程领域。其次是指生活教育化,也就是将学前儿童日常生活中已获得的原有经验加以系统化、条理化,在生活中适时引导,促进学前儿童发展。通过帮助儿童组织已获得的零散的生活经验,可以使幼儿的经验系统化、完整化。

(2)幼儿园教育本身具有生活化的特点。幼儿园教育活动带有浓厚的生活化特征,活动内容来源于生活,活动实施贯穿于幼儿的生活。

(3)《幼儿园教育指导纲要(试行)》指出,幼儿园教育活动内容应“既贴近幼儿的生活来选择幼儿感兴趣的事物和问题,又有助于拓展幼儿的经验和视野”,幼儿园教育活动内容的组织应“充分考虑幼儿的学习特点和认识规律,各领域的内容要有机联系,相互渗透,注重综合性、趣味性、活动性,寓教育于生活、游戏之中”。

因此,幼儿园教育内容贴近幼儿生活符合《幼儿园教育指导纲要(试行)》的要求。

三、论述题(参考答案)

13. 什么是幼儿园环境?为什么幼儿园教育中要强调创设良好的幼儿园环境?请联系实际说明。

(1)对于幼儿园教育而言,广义的幼儿园环境是指幼儿园教育赖以进行的一切条件的总和。它包括幼儿园内部的小环境,又包括园外的家庭、社会、自然、文化等大环境。狭义的幼儿园环境是指在幼儿园中,对幼儿身心发展产生影响的物质与精神要素的总和。

(2)良好的幼儿园环境创设对于幼儿的发展具有重要意义,主要表现在以下几个方面:

①为幼儿提供发展保障。幼儿要在幼儿园吃饭、睡觉、游戏等,只有具备相应功能的建筑、空间设备,才能使幼儿感到安全、方便、舒适和愉悦。

②促进幼儿身心健康。宽敞的空间、齐全的设备器具可以使幼儿机体得到锻炼;整洁、优美的环境会给幼儿美的享受;具有探索性的环境可满足幼儿的好奇心,激发幼儿的探究热情,培养幼儿的探究能力;文明有序的集体活动环境有利于培养幼儿的适应能力;融洽和谐的人际关系可使幼儿感到宽松、自由、被尊重、被接纳,从而乐观自信。

③激发幼儿创造潜能。幼儿不是环境创设的消极旁观者和享用者,而是环境创设的积极参与者和互动者。在幼儿园环境创设的过程中,幼儿通过参与设计构思、材料搜集、动手制作和布置的全过程,可以激发他们自我发展的主人翁意识。在与环境交互的过程中,幼儿会根据自己的需要自由选择环境、探索环境、控制和驾驭环境,其积极性、主动性、创造性都可以得到最大限度的释放。

四、材料分析题(参考答案)

14. (1)材料中李虎及其他幼儿说脏话的可能原因有:

①家庭因素的影响。父母或其他亲人在生活中没有注意言传身教,对孩子产生了负面影响。

②电视、媒体等负面影响。幼儿在假期中,通过看电视、接触网络媒体等,受到一些不良信息的影响形成了说脏话的行为。

③新入园、新环境导致孩子产生了入园焦虑。题干中的孩子是小班刚入园,正处于分离焦虑的时期,因此,有可能通过说脏话来释放自身的焦虑。

④幼儿的好奇心。幼儿对生活中的事物有很强的好奇心,李虎说脏话有可能只是好奇,但教师采取了错误的处理方式,反而强化了李虎的这一不良行为。

⑤小班幼儿的年龄特征是爱模仿。李虎经常说脏话,其他幼儿也模仿他说脏话,所以才会出现

题干中所描述的现象。
(2)王老师针对此现象可以采取的干预措施如下：
①加强家园合作。通过家访、电话联系等方式，了解李虎出现这一问题的可能原因，并请家长参与进来共同解决。同时，请家长给孩子选取合适的动画片或电视节目，切断孩子的不良影响渠道。
②在幼儿园内组织“我是文明的好宝宝”活动，引导幼儿说文明话、做文明事，为孩子营造一个文明的氛围。同时，积极组织开展幼儿感兴趣的游戏活动，吸引幼儿的注意力，并在游戏中引导幼儿举止文明，使用文明用语。
③教师在面对孩子的不文明行为时，不能简单粗暴的批评，而应该结合幼儿的年龄特点，采用注意力转移法、良好行为强化法等方法，来帮助幼儿形成良好的行为举止。
④教师要为幼儿树立良好的榜样。教师是幼儿常常模仿的对象，因此教师要注意规范自己的言行，发挥正面榜样的作用。

15. 教师应该支持幼儿的行为。具体理由如下：
(1)题干中孩子的探索活动是游戏，他们的探索行为是自主自愿的，是感到快乐的活动。“快乐地粉刷投篮架”“相互配合、反反复复、忙得不亦乐乎”都体现了这一探索活动被幼儿所喜欢，能够帮助幼儿培养良好的情绪。
(2)题干中，这几个孩子在游戏的过程中相互配合，有的粉刷、有的观看、有的拿桶、有的蹲着扶桶，这是帕登游戏分类中的合作游戏，幼儿彼此之间相互配合，围绕着同一主题共同玩耍。在这一过程中，能够促进儿童社会性的发展，能够让儿童体验到合作、交流的乐趣，因此应该支持。而且，在交流、探索的过程中，孩子还能不断地产生这一游戏材料的新玩法，这对于儿童创造性思维的发展也是非常有利的。
(3)借助操场上新安装的投篮架就可以进行不断地探索，这是幼儿好奇好问、好玩好动的天性的呈现。因此，教师应支持、保护幼儿的好奇心，为幼儿创设有趣的游戏情境，提供丰富的游戏材料，鼓励幼儿大胆探索。

五、活动设计题(参考答案)

16. 主题活动：《工具》
主题活动总目标
(1)初步认识各种工具，知道不同工具的不同用途；
(2)能够尝试操作收集到的工具，并正确使用工具；
(3)对生活中各式各样的工具感兴趣，愿意讲述自己的观察发现。
子活动一
大班语言活动《造房子》
(一)活动目标
(1)理解故事的主要内容，知道不同工具的主要用途；
(2)能够在集体面前大胆讲述小动物们使用的劳动工具；
(3)愿意探索生活中的其他工具，对工具产生兴趣。
(二)活动准备
物质准备：儿歌《粉刷匠》；工具图片；故事视频；动物头饰
(三)活动过程
1. 活动导入
儿歌导入，激发兴趣
教师播放儿歌《粉刷匠》，然后呈现粉刷匠的图片，请幼儿观察粉刷匠的工具，进而引出活动主题。
2. 活动展开
(1)借助图片和讲述，初步感知故事
教师借助一些工具的图片，带领幼儿学习故事《造房子》。
(2)幼儿讲述，深入理解故事内容
请幼儿讲述故事中谁帮助小羊建造了房子？它们都带来了什么工具？这些工具有什么作用？
(3)视频讲解，续编故事
使用动画视频再次播放故事，请幼儿思考为什么小鸡带来的是小铲子？小熊带来的是铁锹？使用这些工具的时候需要注意什么？你会使用这些工具吗？请幼儿思考，如果你要去帮小羊建房子，你会使用什么样的工具呢？为什么？
3. 活动结束
通过角色扮演，请幼儿选择故事中自己喜欢的动物头饰，表演故事。
(四)活动延伸
请幼儿回到家里和爸爸妈妈讨论，除了今天了解到的工具，生活中还有哪些有用的工具。
子活动二
大班科学活动《有用的工具》
活动目标
(1)了解生活中常见的工具，知道它们的作用；
(2)能够正确操作不同的工具，并讲述自己的探索发现；
(3)对探索工具感兴趣，愿意参加科学活动。
子活动三
大班语言活动《厨房大世界》
活动目标
(1)认识厨房里常见的工具，知道它们的用途；
(2)能用流畅、完整的语言讲述厨房中不同工具的用途；
(3)对厨房里的工具感兴趣，愿意讲述自己的观察发现。

2017 年上半年中小学教师资格考试真题试卷(八)

一、单项选择题

1. C 【解析】本题考查幼儿精细动作的发展。幼儿的精细动作能力指的是幼儿凭借手和手指等部位的小肌肉或小肌肉群,在感知觉、注意等多方面心理活动的配合下完成特定任务的能力。双手接球主要是要依靠手、手臂和身体的力量去完成的,属于粗大动作,而非精细动作,故本题选 C。

   易错提示:精细动作和粗大动作都属于幼儿的运动技能,二者有联系但也有区别。精细动作是指幼儿手部、脚部、口腔及舌部等细小动作,例如手部拇指和食指的捏合能力、脚趾头的活动能力、使用吸管杯的能力等等。粗大运动主要是指身体大肌肉群及四肢的活动,包括俯卧抬头、翻身、坐、爬、站、走等大动作。

2. C 【解析】本题考查影响学前儿童发展的因素。题干中同卵双胞胎虽然生活在不同环境中,但他们的智商测试分数很接近,说明环境对他们的智商并没有产生显著影响,反而由于两者的遗传素质相同才产生了相似结果,故说明遗传对智商的影响较大。

   方法技巧:影响学前儿童发展的因素可从两方面进行记忆:(1)外部因素。主要包括环境和教育。物质环境是学前儿童生存的物质基础,精神环境是学前儿童心理发展的精神食粮。教育在学前儿童的身心发展中起着主导作用。(2)内部因素。主要包括遗传和幼儿的主观能动性。遗传素质为人的发展提供物质前提。幼儿的主观能动性对幼儿的身心发展起到一定的指导作用和调控作用。

3. B 【解析】本题考查前运算阶段幼儿思维的特点。亮亮认为盘子会受伤、会难过,是将盘子看成了有生命的物体,体现了他泛灵论的思维特点。

4. C 【解析】本题考查幼儿分离焦虑的表现。作答此题时考生要抓住题干的关键词"初入园"。产生分离焦虑是初入园幼儿的典型表现,此时幼儿与父母刚刚分开,心理上难免会产生不安情绪,且常伴有哭闹、喊叫等行为。

5. D 【解析】本题考查幼儿数概念的发展阶段。A 项,幼儿把积木放在一起一一点数,说明幼儿能够按物点数,掌握了数的实际意义;B 项,幼儿能一眼看出 3 块积木,并点数剩下的积木,说明幼儿已初步具备按群计数的能力;C 项,幼儿能通过掰手指数出总数,说明幼儿能够进行点数;D 项,幼儿能够将积木数量加起来算出总数,说明幼儿已能进行 10 以内的加减运算,掌握了数的组成,故 D 项幼儿数学能力发展水平最高。

6. A 【解析】本题考查《3 ~6 岁儿童学习与发展指南》。《指南》中指出,"重视幼儿的学习品质。幼儿在活动过程中表现出的积极态度和良好行为倾向是终身学习与发展所必需的宝贵品质"。

7. D 【解析】本题考查幼儿园环境的教育功能。题干中教师使用易于幼儿识别的生活行为规则标识图,有利于幼儿习得生活技能和行为准则,故本题选 D。

8. B 【解析】本题考查幼儿生活保健常识。正确的擤鼻涕方法应是先压住一侧鼻孔擤鼻涕,然后再压住另一侧擤鼻涕。不能同时按住两侧鼻孔,以防鼻腔压力过大,使病原体经咽鼓管吸入中耳,引发中耳炎。

9. D 【解析】本题考查《3 ~6 岁儿童学习与发展指南》。《3 ~6 岁儿童学习与发展指南》"动作发展"部分的目标 1"具有一定的平衡能力,动作协调、灵敏"的教育建议中指出,"利用多种活动发展身体平衡和协调能力。如:走平衡木,或沿着地面直线、田埂行走。玩跳房子、踢毽子、蒙眼走路、踩高跷等游戏活动"。故选项中踩高跷是最能体现幼儿平衡能力发展的活动,本题选 D。

10. A 【解析】本题考查杜威的教育思想。杜威认为,教育的本质是"教育即生长,教育即生活,教育即经验的改造"。他认为,生活就是生长,儿童是具有独特生理和心理结构的人。儿童的能力、兴趣和习惯都是建立在他的原始本能上的,儿童心理活动实质上就是他的本能发展的过程。他认为儿童身上有四种潜在的本能,教育的本质就是促进儿童生物性本能和心理机能不断生长。

二、简答题(参考答案)

11. 简述教师观察幼儿行为的意义。

   (1)教师观察幼儿行为可以了解幼儿的发展水平,包括幼儿的经验获得水平、幼儿能力的发展、幼儿个体的学习方式等。

   (2)教师观察幼儿行为可以了解幼儿的心理需要,抓住日常生活中的教育契机,为幼儿提供有针对性的指导,使幼儿园更好地开展保教活动。

   (3)教师观察幼儿行为可以促进幼儿教师专业发展,提升教师专业能力和水平。观察幼儿行为的过程,本身就是教师参与研究的过程,教师参与研究是教师专业发展最重要且最有效的途径之一。

12. 作为幼儿教师,如何在保教活动中营造更好的心理氛围?

   (1)创设优美、整洁的幼儿园物理环境;

   (2)以园长为中心,创设幼儿园教师之间和谐的精神环境;

   (3)建立安全、温暖、互相信任的师幼关系;

   (4)建立学前儿童之间良好的同伴关系;

(5)重视幼儿园文化建设,形成良好的幼儿园风气。

三、论述题(参考答案)

13. 试述如何在一日生活中实现社会领域的教育目标。

(1)引导幼儿参加各种集体活动,体验与教师、同伴等共同生活的乐趣,帮助他们正确认识自己和他人,养成对他人、社会亲近、合作的态度,学习初步的人际交往技能;(2)为每个幼儿提供表现自己长处和获得成功的机会,增强其自尊心和自信心;(3)提供自由活动的机会,支持幼儿自主地选择、计划活动,鼓励他们独立解决问题,不轻易放弃克服困难的尝试;(4)在共同的生活和活动中,以多种方式引导幼儿认识、体验并理解基本的社会行为规则,学习自律和尊重他人;(5)教育幼儿爱护玩具和其他物品,爱护公物和公共环境;(6)与家庭、社区合作,引导幼儿了解自己的亲人以及与自己生活有关的各行各业人们的劳动,培养其对劳动者的热爱和对劳动成果的尊重;(7)充分利用社会资源,引导幼儿实际感受祖国文化的丰富与优秀,感受家乡的变化和发展,激发幼儿爱家乡、爱祖国的情感;(8)适当向幼儿介绍我国各民族和世界其他国家、民族的文化,使其感知人类文化的多样性和差异性,培养其理解、尊重、平等的态度。

四、材料分析题(参考答案)

14. (1)①游戏促进了莉莉和小娟学习与发展的整体性。材料中,莉莉和小娟在游戏中,通过思考问题、彼此讨论、解决问题促进了自身言语、交往、思维等方面的发展;②幼儿学习的主要特点是做中学、玩中学、在生活中学。幼儿的这一学习特点是由其年龄特征、认知特征、所持经验的特征等决定的,幼儿只有这样学习才能学得有趣,学得有效,学得有用。材料中,莉莉和小娟通过让娃娃睡觉的游戏获得了关于物体空间的认知,并且在此过程中,她们遇到问题能够及时调整,想各种办法,也提高了自身的问题解决能力;③《3~6岁儿童学习与发展指南》指出,要重视幼儿的学习品质。学习品质主要指学习态度、行为习惯、方法等与学习密切相关的基本素质,并对幼儿现在与将来的学习都具有重要影响。材料中,莉莉和小娟在玩游戏时积极主动、认真专注、不怕困难,敢于探究和尝试,并且在不断地探究和尝试中学会了解决问题,体现了她们的学习品质。

(2)这次游戏后,作为教师我认为应该在如下几方面做出努力,以支持莉莉和小娟的游戏发展:①幼儿在游戏的时候,其经验往往是综合的,不会出现语言、社会、思维、动作等领域的割裂或具有孤立的单一性,因此教师从幼儿经验出发进行的指导行为也必须是整合的;②自由、自发和自主是游戏的本质特征,而这三个"自"意味着每个幼儿都是在自己的水平上,根据自己的兴趣和需要来进行活动的,幼儿的个体差异在游戏中体现得淋漓尽致,因此,教师所进行的指导也必须是有差异的,能够从不同幼儿的角度出发;③游戏为幼儿提供了直接感知、实际操作和亲身体验的机会,游戏情境比教师创设的教学情境更真切,游戏中解决的问题都是幼儿的真问题,所以教师必须从幼儿的真问题出发进行指导,使幼儿获取有用的知识和经验;④积极主动、好奇探究是幼儿重要的学习品质,也是幼儿在游戏中最鲜明的行为特质。在游戏中,教师要对幼儿予以支持和鼓励,在顺应幼儿天性的前提下,促进幼儿良好学习品质的发展。

15. (1)不适宜。首先,幼儿对于科学经验的获得是在接触自然、生活事物和现象中通过积累有益的直接经验和感性认识获得的,而不是通过抽象的计算得到的;其次,"许多幼儿不用做计算题就能轻松完成拼图,也未对图片中的季节特征产生观察与探究的兴趣",说明教师提供的拼图太简单,远远低于大班幼儿的发展水平。

(2)该材料在设计上存在的问题如下:①内容设置本末倒置,过分注重抽象的计算,但材料本身却不具有较强的操作性;②幼儿科学学习的核心是激发探究兴趣,体验探究过程,发展初步的探究能力。正确科学材料的投放,也能够激发幼儿的探究能力,但是案例中教师投放的材料幼儿比较熟悉,且远远低于幼儿的发展水平,不符合幼儿的发展需要,也没有激发幼儿的探究欲望;③幼儿以具体形象思维为主,应注重引导幼儿通过直接感知、亲身体验和实际操作进行科学学习,不应为追求知识和技能的掌握,对幼儿进行灌输和强化训练。材料中教师利用抽象的计算题对幼儿进行数学教育,做法并不妥当。具体建议如下:①教师可以通过游戏和实物等方式对幼儿进行数学教育,使幼儿的学习具有趣味性和可操作性;②教师在投放材料时,要从本班幼儿的发展水平出发,提供针对性较强的材料;③教师投放的材料要符合幼儿的兴趣和需要,能够引发幼儿的探究欲望。

五、活动设计题(参考答案)

16. 活动一

大班美术活动《制作纸盒作品》

(一)活动目标

(1)了解纸盒的外部特征和不同用途;

(2)能够通过绘画、剪贴等手段用纸盒制作简单的物品;

(3)愿意尝试制作手工艺品,体验动手制作的乐趣。

(二)活动准备

物质准备:香皂盒、牙膏盒、饼干盒、巧克力盒和

牛奶盒等;塑料袋;纸盒手工艺品
(三)活动过程
1. 自由玩纸盒,交流感受
(1)请幼儿自由拿取塑料袋里的各种纸盒,摸一摸,看一看,说一说。
师:“小朋友们从桌子上拿出一个盒子,然后看一看,再摸一摸,感受一下。”
(2)请幼儿讨论感受。
师:“小朋友们说说看,你刚才摸到、看到的纸盒是怎样的?”
2. 观察纸盒,了解纸盒的用途
(1)出示纸机器人、纸笔筒、纸房子、纸火车等手工艺品,告诉幼儿纸盒可以做成许许多多的物品。
师:“今天老师带来了很多用纸盒做出来的东西,我们一起来看看都有些什么吧。”
(2)引导幼儿讨论纸盒的各种用途。
师:“我们的生活离不开纸盒,小朋友们讨论一下生活中还有哪些东西可以用纸盒来做吧!”
3. 自由发挥,制作纸盒作品
(1)引导幼儿制作前表达自己的想法。
师:“我们今天也来用这些废旧的纸盒做一些好看的纸盒制品。小朋友们先想一想你要用纸盒做什么东西,然后可以来跟其他小朋友分享一下。”
(2)引导幼儿动手操作,教师在一旁指导。
师:“小朋友们已经有了那么多的想法,那就开始动手吧。你们可以利用桌子上的纸盒、胶水、双面胶、蜡笔等,做出你们想要的东西来,把你们的想法都变成现实。如果你觉得哪里需要用到剪刀剪一剪的,可以告诉老师,老师来帮你。”
4. 作品展示
师:“小朋友们的想法真的很多,你们做的也很好看,现在快把自己的作品都放到展示架上去吧!”
(四)活动延伸
请幼儿回家和爸爸妈妈分享自己的纸盒作品。
活动二
大班健康活动《好玩的纸盒》
(一)活动目标
(1)知道纸盒的不同玩法,了解游戏时的注意事项;
(2)能够用不同的方式组合纸盒,进行游戏;
(3)愿意探索纸盒的不同玩法,体验与同伴合作游戏的乐趣。
(二)活动准备
物质准备:大小不同的纸盒;龙头、龙尾、藤球;《金蛇狂舞》音乐
(三)活动过程
1. 幼儿自由玩纸盒
师:今天老师带来了一些纸盒,可以当玩具,我们一起来玩玩吧。
幼儿自由取纸盒、玩纸盒,教师巡回指导。
2. 幼儿合作玩纸盒
师:刚才我们用很多方法玩了纸盒,现在我们找几个好朋友一起来玩一下纸盒吧。
(1)幼儿和伙伴一起玩纸盒,教师启发幼儿想出拼、搭、连接等方法来进行组合。
(2)集中交流,引导幼儿说说纸盒不同的组合玩法。
师:小朋友们,盒子都可以怎么组合起来玩呀?
(3)引导幼儿观察盒子连接起来后的样子,引出舞龙游戏。
师:那盒子连接起来后像什么呢?
3. 带领幼儿进行舞龙游戏
(1)引导幼儿说说舞龙时的注意事项。
(2)带领幼儿随着音乐做舞龙的动作。
(3)调整动作后请幼儿随着音乐开始游戏。
(四)活动延伸
回家后和爸爸妈妈一起了解舞龙这一传统风俗。
活动三
大班科学活动《会悬空的纸盒娃娃》
(一)活动目标
(1)理解悬空现象的原理,知道让纸盒悬空最多的方法;
(2)能将探索的结果记录下来并和其他小朋友分享;
(3)乐意探索纸盒悬空现象,体验探究活动的乐趣。
(二)活动准备
物质准备:自制纸盒娃娃;石头、木块、塑料板;记录表
(三)活动过程
1. 情境导入,激发幼儿兴趣
教师出示纸盒娃娃,给幼儿表演纸盒娃娃悬空的现象。
师:今天老师带来了纸盒娃娃,这个纸盒娃娃要给我们表演一个节目叫《悬空》,我们一起来看看吧!
2. 幼儿操作,探索悬空现象的原理
师:老师为你们准备了纸盒娃娃和一些小木块,请你也去和纸盒娃娃玩一玩悬空的游戏,想想看怎样做才能让纸盒娃娃悬空呢?它又为什么可以悬空呢?可以和其他小朋友讨论一下。
3. 引导幼儿使用不同材料探索悬空现象,并记录操作结果
师:老师这里还准备了木块、塑料板和石头,你们可以试试,看哪种材料可以让纸盒悬空最多,并且可以把你们的操作结果记录下来。
4. 幼儿分享自己的记录结果
师:哪位小朋友来介绍一下你的操作结果,究竟

是什么材料让纸盒娃娃悬空最多呢？

5. 教师总结

师：经过这次实验，我们知道了纸盒之所以能够悬空是和重心有关。当我们往纸盒里放东西时，纸盒顶端的东西越重，纸盒就悬空越多。

（四）活动延伸

引导幼儿到科学区再去找一些材料试一试，看看还有什么材料能让纸盒悬空得更多。

2016 年下半年中小学教师资格考试真题试卷（九）

一、单项选择题

1. D 【解析】本题考查玩具的类型。玩具的种类从功能划分，一般可分为：形象玩具、益智玩具、建构玩具、运动性玩具、音乐玩具、娱乐玩具。D 项，传统玩具并不是从功能角度对玩具进行的划分，故本题选 D。

2. A 【解析】本题考查婴儿早期的年龄特征。研究表明，5～6 个月时，婴儿开始认生。

3. C 【解析】本题考查幼儿词汇的发展。儿童先掌握的是实词，然后是虚词。在实词中，儿童掌握的顺序是名词—动词—形容词。对其他实词，如副词、代词、数词掌握较晚。

4. B 【解析】本题考查常见的传染病及预防。风疹是儿童时期常见的一种由风疹病毒引起的急性出疹性传染病。病原体由口、鼻及眼部的分泌物直接传给他人，或通过呼吸道飞沫传染，风疹病毒易被干燥或高热灭活，故密切接触才能感染。

方法技巧：考生可通过下列表格，有针对性地记忆常见传染病的传播途径：

常见的传染病	传播途径
风疹	由口、鼻及眼部的分泌物直接传给他人，或通过呼吸道飞沫传染
水痘	通过空气飞沫经呼吸道传播，也可通过接触病人疱疹内的疱浆而感染
病毒性肝炎	病毒存在于患者的粪便中，粪便污染了食物、饮水，经口造成传染
手足口病	传播途径较多，包括消化道、呼吸道及接触传播等
百日咳	在患儿咳嗽时随飞沫传播
细菌性痢疾	从病人或带菌者的粪便中排出，通过手、食物、饮水、苍蝇等途径，经口传播

5. D 【解析】本题考查幼儿思维的特点。题干中青青在理解妈妈说的话时只是简单的体会了词语的表面意思，并没有真正理解妈妈说的话的内涵，说明了青青的思维具有表面性。

易错提示：考生容易混淆思维的表面性和片面性。思维的表面性强调的是幼儿只能理解事物的表面含义，不能理解事物的深层含义，也不能理解“反话”。思维的片面性强调的是幼儿理解事物时只能从一个维度进行思考，不能全面地看待事物。

6. A 【解析】本题考查《3～6 岁儿童学习与发展指南》的内容。《3～6 岁儿童学习与发展指南》科学领域“科学探究”部分目标 2“具有初步的探究能力”中指出，5～6 岁的幼儿“能用数字、图画、图表或其他符号记录”。故基于题干中幼儿的表现，可推断幼儿的年龄为 6 岁左右。

7. D 【解析】本题考查《儿童权利公约》的内容。《儿童权利公约》指出，“关于儿童的一切行动，不论是由公私社会福利机构、法院、行政当局或立法机构执行，均应以儿童的最大利益为一种首要考虑”。

8. C 【解析】本题考查《幼儿园教师专业标准（试行）》的内容。《标准（试行）》中指出，其基本理念为幼儿为本、师德为先、能力为重、终身学习。

9. B 【解析】本题考查《幼儿园教育指导纲要（试行）》的内容。《纲要（试行）》第三部分“组织与实施”中第九条指出，科学、合理地安排和组织一日生活。（1）时间安排应有相对的稳定性与灵活性，既有利于形成秩序，又能满足幼儿的合理需要，照顾到个体差异。（2）教师直接指导的活动和间接指导的活动相结合，保证幼儿每天有适当的自主选择和自由活动时间。教师直接指导的集体活动要能保证幼儿的积极参与，避免时间的隐性浪费。（3）尽量减少不必要的集体行动和过渡环节，减少和消除消极等待现象。（4）建立良好的常规，避免不必要的管理行为，逐步引导幼儿学习自我管理。题干中活动区活动结束了，但晨晨的活动还没完成，老师就给他留部分时间允许其完成，说明老师照顾到了幼儿发展的个体差异，尊重了幼儿的合理需要，能够根据幼儿的活动需求灵活调整幼儿园一日生活。

10. A 【解析】本题考查幼儿的个体差异。个体差异主要指个体之间在稳定的心理特点上的差异，是不同个体之间的差异。但 A 项是同一幼儿在不同时间的不同表现，并不是他与其他幼儿之间的差异，故不属于个体差异，本题选 A。

二、简答题（参考答案）

11. 简述幼儿社会学习的指导要点。

（1）社会领域的学习具有潜移默化的特点。因此,幼儿社会态度和社会情感的培养尤应渗透在多种活动和一日生活的各个环节之中,教师要为幼儿创设一个能使其感受到接纳、关爱和支持的良好环境,避免单一呆板的言语说教。

(2)幼儿与成人、同伴之间的共同生活、交往、探索、游戏等,是其社会学习的重要途径。教师应多为幼儿提供人际间交往和活动的机会和条件,并对幼儿加以引导。

(3)社会学习是一个漫长的过程,需要幼儿园、家庭和社会的密切合作、协调一致。因此,教师要密切联系家长和社会,共同促进幼儿良好社会性品质的形成。

12. 父母陪伴对幼儿健康成长有何意义?

父母是幼儿的第一任老师,父母陪伴直接影响到幼儿个性品质的形成,是幼儿人格发展中最主要的影响因素。具体体现在以下几个方面:

(1)父母陪伴有利于幼儿认知的发展。自我意识的发展是幼儿认知发展的巨大进步,这一时期的幼儿通过自己的视角观察世界,能够把自己和别人分离思考,会产生以自我为中心的主观意识。虽然这些都是幼儿阶段的正常行为,但如果能在父母的陪伴下进行良好的交流和沟通,那么父母就可以对幼儿的主观意识进行引导,从而使幼儿的认知朝着良好的方向发展。

(2)父母陪伴有利于幼儿良好行为习惯的养成。良好的行为习惯是孩子终生享用的财富。有研究表明,3~12岁是儿童养成良好习惯的关键期。通过父母的陪伴,让孩子从小养成良好的行为习惯,对孩子的一生都将产生深远的影响。

(3)父母陪伴有利于发挥幼儿游戏的引导性。游戏是进行幼儿教育的最佳途径,幼儿的各种学习都是通过游戏活动进行的,父母可以通过与孩子游戏增加对孩子的了解,加强对孩子的引导。

(4)父母陪伴有利于建立良好的亲子关系。亲子关系是人一生中最早建立而且是最重要的一种人际关系,是孩子与他人形成良好人际关系的前提和基础。在孩子成长过程中,任何人都无法取代父母的角色。

三、论述题(参考答案)

13. 试述如何做好幼小衔接工作。

(1)幼儿在入学前需要做好的准备:①幼儿在入学前要做好生理准备;②幼儿在入学前要做好心理准备。

(2)幼儿园针对幼小衔接需要开展的工作:①培养幼儿对小学生活的热爱和向往;②培养幼儿对小学生活的适应性,包括培养主动性、培养独立性、发展人际交往能力、培养幼儿的规则意识和任务意识;③帮助幼儿做好入学前的学习准备,培养良好的学习习惯、良好的非智力品质,适当调整课程结构和内容;④加强幼儿园教师业务能力培养;⑤建立和健全幼儿园与小学的联系。

(3)小学针对幼小衔接需要开展的工作:①合理调整低年级幼儿的作息时间;②进一步深化教育改革,推进素质教育,学习与借鉴国内外先进的儿童教育经验;③小学教师应多研究学前教育学及心理学,了解幼儿年龄、心理特点,顺应他们的特点;④加强幼儿园和小学教师的互访活动,了解入学儿童的特点。

(4)家长在幼小衔接方面起到的作用:①增强幼儿的信心;②发展幼儿的语言能力;③调整好幼儿生活规律;④培养幼儿的自理能力;⑤为幼儿准备家庭学习环境,营造良好的学习气氛;⑥对幼儿进行安全教育,增强幼儿自我保护意识。

四、材料分析题(参考答案)

14. 材料中两位幼儿的自我控制能力表现出不同的特点。幼儿的自我控制能力反映的是对自己行为的调节。随着幼儿年龄的增长,幼儿不但能够根据成人的指示调节自己的行动,而且逐渐具有独立性。幼儿自我控制能力的发展具有以下特点:

(1)从主要受他人控制发展到自己控制。3岁左右的幼儿自我控制能力水平比较低,在遇到外界诱惑时,主要是受成人的控制。成人一旦离开,便很难控制自己的行为,即会违反规则。材料中的幼儿二,老师刚刚离开的时候忍了一会儿,但之后就禁不住诱惑,打开盒子偷偷看了一眼,违反了老师对他的要求,并且当老师回来的时候,还会“骗”老师说自己没有看过,这都是幼儿自控能力较低的表现。

(2)从不会自我控制发展到使用控制策略。控制策略是影响儿童控制能力的一个重要因素,对于年龄较小的孩子来说,他们还不会使用有效的控制策略。但随着儿童年龄的增长,他们逐渐会使用简单的策略来进行自我控制,如他们会运用一些转移注意的策略来避免失去对自己的控制能力。材料中的幼儿一,在老师离开的时候一会儿看墙角,一会儿看地上,尽量不让自己看前面的盒子,小手也一直放在自己的腿上,这就是幼儿所使用的转移注意策略,以此来遵守老师所传达的要求。同时,也表明了幼儿自我控制能力的不断发展。

15. (1)①图一中幼儿将引起其注意的“针”和“血”画得非常突出,即运用了“强调式”的表现方式。这时期,幼儿观察的着眼点在有诱惑力、趣味感和功能显著的部位或个体,对整体和全局往往无心注视或顾及不到。所以,在画中幼儿总喜欢以强调式的方法描画其内心的感受,图一即为强调式的表现。

②图二中幼儿将从不同的角度观察到的事物在同一画中表现出来,运用了“展开式”的表现方

式。图中幼儿将人物画得与圆形的桌子相垂直,这样就出现画中人物展开的样子。这种构图常被称作“展开式”构图。这种画面也只有一种空间关系,即只有水平空间,看这种画好像从空中俯视物体。

③图三中幼儿呈现出米饭吃进肚子的样子,体现了“透明式”的表现方式。物体之间相互关联的部分,即使是非常不起眼的内在联系,幼儿也会描绘出来,甚至将其夸大。这种画法,称之为透明式表现手法。

(2)幼儿的绘画发展,可以分为涂鸦期(1.5~3岁),象征期(3~5岁)及图式期(5~8岁),处于不同时期的幼儿,其绘画有独特的表现形式;每个幼儿心里都有一颗美丽的种子,因此,幼儿艺术领域学习的关键在于充分创造条件和机会,在大自然和社会文化生活中萌发幼儿对美的感受和体验,丰富他们的想象力和创造力,引导幼儿学会用心灵去感受和发现美,用自己的方式去表现和创造美;幼儿对事物的感受和理解不同于成人,他们表达自己认识和情感的方式也有别于成人,幼儿独特的笔触、动作和语言往往蕴含着丰富的想象和情感。因此,成人在看待幼儿的绘画作品时,要站在幼儿的角度去思考,遵循幼儿的年龄特点,尊重幼儿的想象和创造。

(3)成人应对幼儿的艺术表现给予充分的理解和尊重,不能用自己的审美标准去评判幼儿,更不能为追求结果的“完美”而对幼儿进行千篇一律的训练,以免扼杀其想象与创造的萌芽;成人要了解并倾听幼儿艺术表现的想法或感受,领会并尊重幼儿的创作意图,不简单地只用“像不像”“好不好”等成人标准来评价;成人还要肯定幼儿作品的优点,用表达自己感受的方式来引导其提高。

五、活动设计题(参考答案)

16. 主题活动:《美丽的花朵》

活动总目标

(1)感知常见花朵的外形特征,了解不同花朵的生长特点;

(2)能通过观察、动手操作的方式探索花朵,并用绘画的形式表现自己喜爱的花朵;

(3)体验大自然的美好,萌发热爱大自然的情感。

子活动一

大班科学活动《花朵的秘密》

(一)活动目标

(1)知道常见花朵的名称,了解不同的花朵有不同的瓣数和香味;

(2)能够通过观察,记录常见花朵的特点;

(3)萌发对大自然的探索欲望,激发热爱大自然的情感。

(二)活动准备

(1)物质准备:若干数量的玉兰花、桃花、迎春花、蝴蝶花

(2)经验准备:对常见花朵有简单的认识

(三)活动过程

1. 观察、认识常见花朵,感受花朵的美丽

引导幼儿观赏各种美丽的花朵,说说它们的名字。

迎春花:黄色的,花朵像喇叭,是春天最早开放的花朵,它向人们报告春天的到来,所以叫“迎春花”;

桃花:粉红色,先开花再长叶,有花蕾、有花瓣;

玉兰花:白色的,先开花再长叶,花朵很大,是上海的市花;

蝴蝶花:颜色很漂亮,花瓣像蝴蝶的翅膀,所以叫蝴蝶花。

2. 交流讨论,通过动手操作探索花朵的秘密

①将幼儿两人分为一组,给幼儿提供准备好的花朵和记录表格,要求幼儿观察每一朵花的花瓣、花朵是否有香味。

②幼儿共同合作,观察花朵并记录观察结果,教师巡回指导。

3. 幼儿分享观察结果,教师总结

4. 教师和幼儿玩“花朵找家”游戏,请幼儿扮演花朵找到自己的家。

(四)活动延伸

将幼儿带到美工区,尝试制作花朵的标本。

子活动二

大班美术活动《我的花朵真漂亮》

(一)活动目标

(1)了解自己喜欢的花朵的外形特点,知道简单的调色方法;

(2)能够动手画出自己喜欢的花朵,并完整地涂色;

(3)体验参与绘画活动的乐趣,萌发对绘画的喜爱之情。

(二)活动准备

(1)物质准备:足够数量的绘画纸张、水彩、调色板

(2)经验准备:认识生活中常见的花朵

(三)活动过程

1. 活动导入

教师带领幼儿做《美丽的花朵》手指谣,引出本次绘画的主题

2. 活动展开

(1)教师通过提问启发幼儿,让幼儿大胆表达自己喜欢的花朵,请幼儿说出自己喜欢的花朵的外形特点及颜色;

(2)教师教给幼儿简单的调色方法以及水彩的使用方法,并告诉幼儿绘画材料的注意事项;

(3)教师发放绘画材料,幼儿动手调色并作画,

教师巡回指导。

3. 活动结束

幼儿展示自己的绘画作品，教师鼓励幼儿在集体面前表达自己的绘画想法，并对幼儿的表现做出积极的评价。

（四）活动延伸

将幼儿带到主题墙的展示区，帮助幼儿一起把自己的画装饰在主题墙上。

2016 年上半年中小学教师资格考试真题试卷（十）

一、单项选择题

1. D 【解析】本题考查学前儿童绘画能力发展的特点。幼儿的想象具有夸张性，具体表现在：(1)夸大事物某个部分或某种特征。幼儿在想象中常常把事物的某个部分或某种特征加以夸大。(2)混淆假想与现实。题干中幼儿将小朋友的手画得比身体长了 3 倍，明显脱离现实生活，体现了幼儿绘画的夸张性。

2. A 【解析】本题考查幼儿言语的形成阶段。电报句是由两个单词或三个单词组成的不完整句，一般出现在 1.5 ~ 2 岁。这种句子的表意功能虽较单词句明确，但其表现形式是断续的、简略的，结构不完整的，好像成人的电报式文件，故也称为“电报句”或“电报式语音”。题干中 1 岁半的儿童用断断续续的语言去表达自己给妈妈吃饼干的想法，体现了这一特点。

   B 选项，完整句是指合乎语法规则，结构完整的句子，主要出现在 2 岁以后。

   C 选项，单词句是出现在 1 ~ 1.5 岁阶段的特定语言，这是人类共有的普遍现象，是指儿童用一个单词来表达一个比该词意义更为丰富的意思。

   D 选项，简单句是指只有一个主语的句子，如积木掉了，弟弟扫地等。

3. C 【解析】本题考查幼儿言语发展的主要特征。题干中幼儿在听到老师说“不起眼”时并没有按照应有的语言信息来理解句义，而是将其理解为贴合自己生活实际的“肚脐眼”，说明幼儿在进行语句的理解时经常会受到直接经验的影响，故本题选 C。

4. B 【解析】本题考查幼儿情绪的培养与调节。题干中幼儿在看到自己喜欢的玩具时能够不再吵闹，而是听从成人的要求并自我说服，说明幼儿已能采用一定的策略调节自己的情绪，具备初步的情绪控制能力。故本题选 B。

5. C 【解析】本题考查学前儿童推理的发展。类比推理也是一种逻辑推理，它是对事物或数量之间关系的发现和应用。”3 ~ 6 岁儿童已经具有一定水平的类比推理。题干中晓雪根据地上车轮压过的泥印儿类比出爸爸额头上与车道沟相似的皱纹，体现了幼儿的类比推理。

   A 选项，儿童最初的推理是转导推理。转导推理是从一些特殊的事例到另一些特殊事例的推理。这种推理还不是逻辑推理，而属于前概念的推理。2 岁儿童已经出现转导推理。这种推理是依靠表象进行的，是超出了直接感知范围的思维活动。这一类型的推理，在 3 ~ 4 岁儿童身上是常见的。

   B 选项，演绎推理是从一般到个别的推理。其简单且典型的形式是三段论。如大班小朋友暑假后要上小学了（大前提），佳佳是大班的小朋友（小前提），佳佳暑假后要上小学了（结论）。

   D 选项，归纳推理是一种从个别到一般的推理，通过考察个别事物或现象具有某种属性，进而推导出该类事物或现象普遍具有该属性。归纳推理必须以概括为基础，首先要把个别事物或现象归属到某一类事物或现象，然后在此基础上进行推理，例如，由“喜鹊长着两只脚，燕子长着两只脚，乌鸦长着两只脚”，推出“鸟长着两只脚”。

   方法技巧：考生在遇到此类试题时，需要重点区分各种推理的含义，可以根据以下关键词进行区分：

   转导推理——从一些特殊的事例到另一些特殊事例；

   演绎推理——从一般到个别的推理；

   归纳推理——从个别到一般的推理；

   类比推理——是对事物或数量之间关系的发现和应用。

6. B 【解析】本题考查幼儿常见意外事故的防护和急救。当异物堵住气管时，幼儿会出现呼吸困难，面色青紫。因此题干中所述症状符合异物落入气管的表现，故本题选 B。

7. A 【解析】本题考查维果斯基的“最近发展区”理论。“最近发展区”指的是幼儿已有的发展水平和在成人帮助下可能达到的发展水平之间的差距。教师拟定教育目标能够以此为依据，说明教师遵循维果斯基的“最近发展区”理论。

8. D 【解析】本题考查《3 ~ 6 岁儿童学习与发展指南》的内容。《3 ~ 6 岁儿童学习与发展指南》语言领域“阅读与书写准备”部分目标 3“具有书面表达的愿望和初步技能”的教育建议中指出，要“鼓励幼儿学习书写自己的名字，提醒幼儿写画时保持正确姿势”；除此之外，4 ~ 5 岁的幼儿应“愿意用图画和符号表达自己的愿望和想法。”因此 A、B、C 三项所述均合理，故本题选 D。

9. B 【解析】本题考查幼儿游戏的指导。为了让幼儿在游戏中实现一物多玩，就要充分发挥幼儿的自主性，让他们自己去体验和探索玩具玩法的多种可能。如果教师一味地限制幼儿，则无法达到让幼儿实现一物多玩的目的。故本题选 B。

10. A 【解析】本题考查《3~6 岁儿童学习与发展指南》的内容。《3~6 岁儿童学习与发展指南》艺术领域“表现与创造”部分目标 2“具有初步的艺术表现与创造能力”的教育建议中指出“幼儿绘画时不宜提供范画,特别不应要求幼儿完全按照范画来画”,故 A 项做法不适宜,本题选 A。

二、简答题(参考答案)

11. 影响在园幼儿同伴交往的因素有哪些?

(1)家庭因素。如早期亲子交往的经验;父母的鼓励与教养方式;幼儿的家庭教育条件等。

(2)托幼机构因素。如教师的影响;活动材料和活动性质等。

(3)幼儿自身的特征。如幼儿的性别、长相、年龄等生理因素;幼儿的气质、能力、性格等个性特征和情感特征。

12. 从儿童发展角度,简述幼儿户外运动的价值。

(1)户外运动有利于促进幼儿身体发展。幼儿在户外运动中,能够与大自然亲密接触,增强对外界环境的适应能力,加强机体新陈代谢,促进幼儿的生长发育。

(2)户外运动有利于促进幼儿心理健康发展。活泼好动是幼儿的天性,适宜的户外运动能够满足幼儿的需要,让幼儿在活动中感受快乐、放松心情,促进幼儿心理健康发展。

(3)户外运动有利于促进幼儿认知发展。幼儿在户外运动的过程中,能够积累丰富的经验,激发想象力和创造性,从而促进思维的发展。

(4)户外运动有利于丰富幼儿的审美体验。幼儿在户外运动过程中,能够充分感受大自然的美,从中获取丰富的审美体验。

三、论述题(参考答案)

13. 试述教师尊重幼儿个体差异的意义与举措。

(1)尊重幼儿个体差异的意义:①享受适当的教育是每个儿童的权利。作为教师,首先应从保护儿童基本权益的高度去认识尊重幼儿个体差异的必要性和重要性。要树立享受适当的教育是每个儿童的权利的理念。唯有尊重幼儿个体差异,才是真正意义上的平等教育。不难推论,随着民主化程度的推进,接受适合自己的教育的要求必然越来越强烈。这种要求也必将受到更多的关注,因而也就越来越需要“尊重幼儿个体差异”。②尊重幼儿个体差异是儿童全面发展的桥梁。促进受教育者全面发展是各级教育的目标,尤其是基础教育的目标。全面发展也是每个儿童的需要。尊重幼儿个体差异的提出就是在追求最适合每个受教育者的教育。此外,尊重幼儿个体差异也是促进社会进步和发展的阶梯。

(2)尊重幼儿个体差异的举措:①细心观察、全面了解儿童。要关注儿童的个体差异就需要老师细心观察,全面了解儿童。②识别优势与弱势,寻求突破口。儿童找到他所擅长的领域时,就会乐于探索,并逐步建立良好的自我感觉。只有真正了解、分析幼儿,才能找到突破口,让优势带动弱势,最终促进儿童全面和谐地发展。③用心琢磨,读懂孩子,满足需求。每个孩子来自不同的家庭,他们的个性也截然不同,教师应了解他们的个性,努力进入孩子们的内心世界,了解他们的需求,帮助他们树立信心。

四、材料分析题(参考答案)

14. (1)①幼儿情绪的易冲动性。幼儿的情绪常常处于激动状态,而且来势强烈,不能自制,往往全身心都受到不可遏制的威力支配。年龄越小,这种冲动越明显。材料中,阳阳对于奶奶的离开,总是又哭又闹,说明阳阳的情绪比较容易激动。②幼儿情绪的不稳定性。幼儿的情绪非常不稳定,容易变化,表现为两种对立的情绪在短时间内互相转换。材料中,阳阳在奶奶的背影消失后,能够很快平静下来,并能与小朋友高兴地玩,说明阳阳的情绪转换比较快,具有不稳定的特点。③幼儿情绪的外露性。幼儿情绪的外露性指的是幼儿的情绪完全表露在外,丝毫不加控制和掩饰。材料中,阳阳对于奶奶离开和奶奶回来的表现都是直接显现出来的,没有丝毫控制和掩饰。

(2)阳阳奶奶的担心没有必要。

教师可以采取的做法:①冷处理法。孩子情绪十分激动时,可以暂时置之不理,孩子自己会慢慢地停止哭喊。当孩子处于激动状态时,成人切忌激动起来。②转移注意法。3 岁孩子刚进入幼儿园时往往会哭闹,教师常常用转移注意的方法,要么逗他玩玩具,要么指着书上的动物给他讲故事,一会儿孩子的情绪就会有所好转。③消退法。对孩子的消极情绪可以采用消退法,不予强化,孩子的这种消极情绪逐渐就会平息。④缩小家园生活的差异性。幼儿在家的生活与在幼儿园的生活相比,有很大的不同。因此,教师可以通过一些措施缩小家园生活的差异,帮助幼儿适应集体生活的种种要求,培养幼儿良好的生活习惯。⑤用爱心和技巧教育幼儿。对于 3 岁多的幼儿来说,要解决上述问题是比较困难的。为了帮助幼儿克服困难,教师不但需要有足够的爱心和耐心,而且要掌握教育技巧。

15. (1)大班幼儿角色游戏的特点:①随着幼儿社会生活认知的不断积累,游戏经验逐渐丰富,主题新颖,游戏所反映的人际关系变得复杂;②处于合作游戏阶段,喜欢与伙伴共同游戏;③能按照自己的愿望主动选择游戏主题,并有计划地开展游戏;④在游戏中独立解决问题的能力增强。

(2)材料中教师的做法是不适宜的。根据大班幼儿角色游戏的特点,教师在指导时应注意:①提供给幼儿时间、空间和机会,允许并鼓励幼儿自由开展游戏。材料中,教师直接给幼儿提供理发店的价目表,限制了幼儿自主性的发挥,不利于幼儿想象力、创造力的发展,同时也极有可能影响幼儿参与游戏的积极性;②提供给幼儿丰富的、可改变、可转换的低结构材料。大班幼儿的角色游戏对材料的依赖程度大幅降低,而对想象空间与创造空间的要求更高,因此,这一时期教师应尽可能提供给幼儿一些丰富的低结构性材料,支持幼儿在游戏过程中根据自己的意愿和需要自主使用材料。但题干中,教师提供给幼儿的价目表基本上限定了幼儿游戏活动的内容和形式,不利于幼儿的自主创造和发挥,因此并不适宜幼儿发展;③丰富、扩展幼儿的经验,推动幼儿游戏向高水平发展。大班幼儿的角色转换和轮流意识增强,游戏的目的性和计划性进一步提高,教师可以进一步扩展幼儿的社会经验,丰富幼儿对社会生活和社会角色的认识,从而促进幼儿游戏水平的提高。但材料中,教师让幼儿按照已有的安排去游戏,也没有从社会生活的角度扩展幼儿的游戏经验,因此,幼儿在游戏中并不能得到很好的发展。

(3)建议:教师要善于利用各种途径来丰富幼儿的知识经验,可以先带幼儿参观真实的理发店,再让幼儿按照自己的经验进行活动;幼儿在参观过理发店之后会有自己的想法,教师要引导幼儿讨论、分享自己的想法,然后再做补充;幼儿在进行角色游戏时,教师应允许幼儿扮演各种角色,允许幼儿根据自身的经验自由表现。

五、活动设计题(参考答案)

16. 大班美术活动:《美丽的泡泡》

(一)活动目标

(1)了解泡泡的形状、颜色、大小等,知道不同的工具吹出的泡泡都为圆形;

(2)会使用各种各样的吹泡泡工具,掌握吹泡泡的方法;

(3)初步形成对泡泡的探究意识,体验与小伙伴一起吹泡泡的乐趣。

(二)活动准备

物质准备:各种形状的吹泡泡工具;吹泡泡需要的溶液;关于泡泡的图片和视频

(三)活动过程

1. 展示泡泡的图片,欣赏泡泡漫天飞舞的视频,激发幼儿的兴趣

师:小朋友们,刚才都看到了什么?泡泡在天空中飞舞的时候是不是很美丽啊,今天老师给大家准备了一些吹泡泡的工具,我们一起来玩一个吹泡泡的游戏吧。

2. 教师展示各种吹泡泡的工具,并示范这些工具的用法

3. 幼儿自主选择工具,开始吹泡泡

(1)引导幼儿在吹泡泡的过程中,观察用各种吹泡泡工具吹出的泡泡的形状;

(2)引导幼儿观察不同小朋友吹出的泡泡的大小和颜色。

4. 幼儿交流讨论自己在吹泡泡过程中的发现

(1)引导幼儿了解采用不同形状(圆形、正方形、三角形)的吹泡泡工具吹出的泡泡都是圆形的;

(2)引导幼儿了解泡泡在阳光下的颜色像彩虹一样,是彩色的;

(3)请吹出比较大的泡泡的小朋友说一说自己吹泡泡的方法,并让其他小朋友尝试、学习怎样吹出比较大的泡泡。

(四)活动延伸

请小朋友根据这次吹泡泡的活动,画一画"美丽的泡泡",回家给爸爸妈妈看。

预测试卷

国家教师资格考试预测试卷(十一)

一、单项选择题

1. D 【**解析**】"造词现象"就是自己制造新词,如把"灰色"说成"小黑",这个"小黑"就是儿童自己制造出来的。题干中所表述的语言现象也是典型的造词现象。

2. C 【**解析**】教师在布置自然角时,让幼儿讨论决定饲养何种动物,体现了教师对幼儿的尊重,遵循了幼儿园环境创设的幼儿参与原则。

3. C 【**解析**】表演游戏是儿童根据故事、童话的内容,运用动作、表情、语言,通过扮演角色,进行创造性表演的游戏。这种游戏是以想象为基础的。题干中幼儿根据《猫和老鼠》的情节,运用道具扮演各种角色,这属于表演游戏。

易错提示:考生易混淆角色游戏和表演游戏,在做此类试题时,可通过以下关键点进行区分:

表演游戏中,幼儿扮演的角色以一定的故事或童话为依据,情节内容也是对故事或童话情节内容的反映;

在角色游戏中,幼儿扮演的角色既是生活印象的再现,又是幼儿自由创造的表现。

4. B 【**解析**】做心脏停止跳动的急救时,对年长的儿童,救护者把右手掌放在胸骨偏下方,左手按

压在右手上,呈垂直交叉式,以助右手之力,每分钟按压60~80次。

易错提示:当幼儿出现心跳停止时,可使用心脏跳动挤压法使心脏重新跳动,在操作的过程中需注意:

(1)对新生儿:用双手握住其胸,用两拇指压胸骨(乳头连线的中央),使胸骨下陷约1厘米左右,然后放松,每分钟按压120次左右,直至病儿心跳恢复。

(2)对3岁以下小儿:左手托其背,右手用手掌根部按压胸骨偏下方,使胸骨下陷约2厘米左右。如此,每分钟按压80次左右,直至病儿自主呼吸恢复。

(3)对年长的儿童:救护者把右手掌放在胸骨偏下方,左手按压在右手上,呈垂直交叉式,以助右手之力。每分钟按压60~80次,直至病儿自主呼吸恢复。

5. C 【解析】观察法是研究者运用感官或借助一定的仪器设备,在自然条件下有目的、有计划地对观察对象或行为进行考察、记录、分析的一种方法。故题干所述的方法为观察法。

6. B 【解析】细菌性痢疾是由痢疾杆菌引起的肠道传染病,以发热、腹痛、腹泻、里急后重为特征,便中带黏液及脓血。患儿一天内可腹泻10~30次,甚至更多。严重者有惊厥和休克,可导致死亡。

7. C 【解析】具体形象思维是以直观形象和表象为支柱的思维过程。题干中的幼儿在计算一加一时,需要借助棒棒糖这种表象材料来完成运算,这表明该幼儿的思维是具体形象思维。

8. B 【解析】影响学前儿童攻击性行为的因素主要包括父母的惩罚、榜样、强化和挫折。电视上打打杀杀的镜头,为幼儿提供了模仿的榜样,会增加儿童以后的攻击性行为。

9. C 【解析】抑郁质的人以敏锐、稳重、体验深刻、外表温柔、怯懦、孤独、行动缓慢为特征。题干中小佳"生性柔弱,做事磨蹭,无法接受老师的批评"等表现说明小佳偏向抑郁质的气质类型。

10. D 【解析】学前儿童对物体进行比较,先学会找物体的不同处,后学会找物体的相同处,最后学会找物体的相似处。

二、简答题(答案要点)

11. 简述幼儿期攻击行为的特点。

(1)幼儿攻击性行为频繁,主要表现为为了玩具和其他物品而争吵、打架,行为更多是直接争夺或破坏玩具和物品。(2)幼儿更多依靠身体上的攻击,而不是言语的攻击。(3)从工具性攻击向敌意性攻击转化,小班幼儿的工具性攻击行为多于敌意性攻击行为;而大班幼儿的敌意性攻击则显著多于工具性攻击。(4)幼儿的攻击性行为有着明显的性别差异,幼儿园男孩比女孩更多地怂恿和卷入攻击性事件。

12. 简述陶行知的教育思想和教育贡献。

教育思想:(1)建立适合中国国情的、省钱的、平民的幼稚园;(2)重视幼儿教育;(3)生活是教育的中心;(4)教、学、做合一的教育方法;(5)解放幼儿的创造力,具体包括六大解放:解放幼儿的头脑,解放幼儿的双手,解放幼儿的眼睛,解放幼儿的嘴,解放幼儿的空间,解放幼儿的时间;(6)改变训练教师的制度,采用艺友制开展师范教育。

教育贡献:(1)农村幼儿教育事业的开拓者;(2)在南京首创了中国第一所乡村幼稚园——南京燕子矶幼稚园,创建了乡村幼儿师范教育、农村幼教研究会等。

三、论述题(答案要点)

13. 试述幼儿具体形象思维的表现特点。

幼儿的具体形象思维主要表现出以下几个方面的特点:(1)具体性。幼儿思维的内容是具体的。幼儿在思考问题时,总是借助于具体事物或具体事物的表象。幼儿容易掌握那些代表实际东西的概念,不容易掌握比较抽象的概念。(2)形象性。幼儿思维的形象性,表现为幼儿依靠事物在头脑中的形象来思维。幼儿的头脑中充满着各种各样的颜色和形状等生动的形象。具体性和形象性是具体形象思维的两个最为突出的特点。(3)经验性。幼儿的思维常根据自己的生活经验来进行。幼儿是从他自己的具体生活经验去思维的,而不是按逻辑推理进行思维。(4)拟人性。幼儿往往把动物或一些物体当人来对待。他们赋予小动物或玩具以自己的行动经验与思想感情,和它们说话,把它们当作好朋友,他们还提出许多拟人化的问题。(5)表面性。幼儿只从表面理解事物,不理解词的转义。其思维往往只是反映事物的表面联系,而不反映事物的本质联系。幼儿也难以理解"反话"。(6)片面性。由于幼儿认识事物时只是从事物的表面出发,不能反映事物的本质,因此,幼儿不善于全面地看问题,其思维常常具有片面性。在解决问题的过程中,幼儿常常只照顾到事物的一个维度,而不能同时兼顾两个维度。(7)固定性。幼儿思维的具体性使幼儿的思维缺乏灵活性,较难掌握相对性的概念。在日常生活中,幼儿常常"认死理"。(8)近视性。幼儿认识事物时只能考虑到事物眼前的关系,而不会更多地去思考事情的后果。由于幼儿思维的这种近视性,常常导致成人和幼儿的矛盾。成人给幼儿的告诫,他们往往不能理解。

四、材料分析题(答案要点)

14. (1)材料中王老师的评价语言过于简单,属于口号化的赞扬。材料中黄老师的表扬比较具体,针对竹竹的行为进行鼓励和表扬。黄老师的评价语言效果更好一些。

(2)①树立正确的评价观。评价就是一种价值判断,以什么样的评价观为指导,就会导致什么样的评价结果。因此,在进行幼儿园教育评价的过程中,评价者首先应具有正确的评价观念。

②与日常教育工作相结合。幼儿园教育评价并不是超越幼儿园日常工作之外的额外工作,它本身就是教育过程的一个重要环节,要在日常活动与教育教学过程中采用自然的方法进行,这样做才能保证评价信息的真实可靠。教师或幼儿园在评价学前儿童的发展时也应随时观察学前儿童的表现,及时调整教育行为。将评价融入幼儿园日常工作,并不排斥某一阶段结束后的集中评价,两者应互为补充。

③充分、合理地运用评价结果。教师在评价时要谨慎,不可给孩子乱贴标签,更不能将不成熟的评价结果公之于众,这样做会给孩子的发展带来很大的消极影响。教师应以积极性的鼓励评价为主,特别是对那些发展滞后的学前儿童,更应以正面肯定为主。学前儿童各方面能力的获得与发展,如良好的习惯、正确的发音等,都是引导鼓励出来的,而不是纠正、嘲笑出来的。

15. (1)教师的行为是不恰当的。材料中,幼儿正饶有兴致地布置堵车场景,说明幼儿已能将生活经验迁移到活动中,有一定的想象力及创造力。但教师没有仔细观察幼儿的游戏行为,反而凭借自己的主观臆想介入到幼儿的游戏活动中,硬是打断了幼儿正在进行的想象活动,让他们按照车的颜色和大小摆放成一个停车场练习分类。虽然教师的出发点是好的,但是这一举动并没有关注到幼儿的兴趣和需要,忽视了幼儿的主体性,也违背了游戏指导的启发性原则。

(2)教师应从以下方面进行有效指导:①在幼儿游戏活动时,教师应注意观察幼儿,准确了解幼儿游戏的意图。教师只有对观察到的幼儿的游戏行为进行认真分析,才能决定指导的对象和方式,进而给予幼儿及时的帮助和引导,从而促进幼儿游戏的发展。②游戏过程中,教师应把握合适的介入时机,注重指导艺术,切不可直接、盲目地介入幼儿正常的游戏中,应该尽可能选择平行介入的方式,通过扮演游戏中的角色间接指导幼儿。

方法技巧:教师对幼儿游戏的指导是常考点,主要以材料分析题的形式考查。考生在做题时需要注意:(1)教师对幼儿游戏的指导要符合幼儿的发展水平,不能只考虑游戏对幼儿某方面的促进作用;(2)教师对幼儿游戏的指导要符合幼儿游戏的特点,要体现幼儿在游戏中的自主性,不能以教师的意愿为主;(3)教师把握合适的介入时机,在介入之前,教师一定要仔细观察,选择适宜的时机再介入。

五、活动设计题(参考答案)

16. 主题活动:《动物世界》

主题活动目标

(1)了解常见动物不同的特点及与周围环境的关系,有进一步探索动物生活习性的愿望。

(2)对动物奇特的现象和特殊本领感到好奇,体验探索动物世界的乐趣。

(3)了解动物是人类的好朋友,知道我们应该保护它们。

子活动一

中班美术活动《快乐的小动物》

(一)活动目标

(1)学会画折线、波浪线、螺旋线三种曲线。

(2)提高手的控制能力,进一步提高对绘画活动的兴趣。

(3)提高观察力、模仿力、构思与想象力。

(二)活动准备

电脑制成的动画:螃蟹、金鱼、蝴蝶的动态及留下的痕迹并配上儿歌。幼儿每人一支勾线笔,画有背景的画纸,各种小动物的图片若干。固体胶、毛巾若干。

(三)活动过程

1. 动画导入,引起幼儿兴趣

师:今天有一些小动物要来和我们做朋友,你们开心吗?我们来看看是哪些小动物?它们是怎么来的?

放动画:小金鱼,尾巴大,摇摇尾巴游呀游;花蝴蝶,来跳舞,圆圈舞呀真漂亮;小螃蟹,力气大,东爬西爬找朋友。

2. 引导幼儿用手描绘各种小动物留下的不同痕迹

师:来了哪些小动物呀?它们是怎么来的?(请幼儿分别讲述,并模仿各动物的动作)

看花蝴蝶飞来的时候,在后面留下了一条痕迹,是怎样的呀?(一圈一圈的)请幼儿跟着老师边念儿歌边用手描绘螺旋线。

那金鱼游来的时候,会在后面留下什么样的痕迹呢?(一弯一弯的)请幼儿跟着老师边念儿歌边用手描绘波浪线。

那螃蟹来的时候又会留下什么样的痕迹呢?(一折一折的)请幼儿跟着老师边念儿歌边用手描绘折线。

3. 幼儿作画,老师巡回指导

师:还有好多小动物都来了,它们想请大家帮它们画留下的痕迹,你们愿意吗?你想帮哪些小动物画呢?等会儿大家可以自己选择喜欢的小动物先帮它粘在画纸上,然后想想它们走路会留下什么样的痕迹,用笔在动物的后面画下来。

教师提醒:手脏了,用毛巾擦一下。

4. 欣赏幼儿作品

请幼儿说说:你选了哪些小动物?哪个最快乐,

是一折一折的，一弯一弯的或是一个圆圈一个圆圈在跳舞的？

（四）活动延伸

你还想知道哪些小动物，它们会留下什么样的痕迹呢？请你回去问问爸爸妈妈或到书上去找找。

子活动二

中班语言活动《香香要回家》

活动目标

（1）能用较完整连贯的语言向同伴介绍自己对蚂蚁的认识。

（2）能耐心的倾听和理解故事。

（3）尝试合作完成故事画册的制作。

子活动三

中班音乐活动《动物音乐会》

活动目标

（1）能欣赏音乐中不同的音乐节奏所表现的动物。

（2）学会看音乐节奏谱，会按着节奏谱拍打节奏。

（3）感受音乐的气氛以及与同伴一起参加集体音乐活动的乐趣。

方法技巧：活动设计题是每年的必考题，掌握活动设计的写作方法及思路是非常重要的。

（1）主题活动的总目标是从布鲁姆的三维目标出发，分为认知目标、动作技能目标和情感态度目标三个维度，但是总目标要包含五大领域的内容，建议考生在写三个子活动的目标时可以选择三个不同领域的内容，写总目标的时候只需要对三个子活动再次总结概括就可以了。

（2）在写活动的主要环节时要包括导入部分、基本部分和结束部分以及活动延伸四个部分。

国家教师资格考试预测试卷（十二）

一、单项选择题

1. D 【解析】拟人性是指幼儿往往把动物或一些物体当人来对待。他们赋予小动物或玩具以自己的行动经验和思想感情，和它们说话，把它们当作好朋友。
2. C 【解析】观察法是有目的、有计划地考察幼儿在日常生活、游戏、学习和劳动过程中的表现，包括其言语、表情和行为，并根据观察结果分析幼儿心理发展的规律和特征的方法。题干中，研究者通过深入幼儿所在的班级，记录其交往过程的语言和动作，从而分析幼儿同伴交往的特点，使用的即为观察法。
3. D 【解析】要建立良好的师幼关系，教师必须树立正确的教育观念：(1)关爱幼儿；(2)与幼儿经常性的平等交谈；(3)参与幼儿的活动；(4)与幼儿建立个人关系；(5)积极回应幼儿的社会性行为。A、B、C选项中的教师行为并没有做到尊重幼儿，关爱幼儿，没有体现师幼关系平等。D选项教师用幼儿能理解的语言及时回应体现了平等的师幼关系。
4. B 【解析】饮食中铁的摄入量不足，是导致缺铁性贫血的最重要原因。
5. A 【解析】幼儿常将想象的东西和现实进行混淆，表现在三个方面：(1)把渴望得到的东西说成已经得到。(2)把希望发生的事情当成已发生的事情来描述。(3)在参加游戏或欣赏文艺作品时，往往身临其境，与角色产生同样的情绪反应。题干中幼儿的表现是想象与现实混淆。
6. A 【解析】游戏可以促进幼儿体力、认知和语言、创造力、情感和社会性的发展。在游戏中，幼儿能够无拘无束地玩耍，产生许多新颖的想法和独特的行为，激发幼儿创造性的萌生和发展。
7. D 【解析】“具有良好的职业道德修养，为人师表”不属于教师专业知识方面的内容，属于专业理念与师德方面“职业理解与认识”中的内容。
8. C 【解析】焦虑—反抗型儿童表现出相互矛盾的依恋行为，他们在陌生情境中显得困惑和谨慎，对陌生情境不能很好地适应。他们怯于探索环境，过分依附母亲，对母亲的离开表现出极大的反抗；但与母亲团聚时，又同时表现出寻求亲近与拒绝联系两种相互矛盾的行为。
9. A 【解析】最近发展区是指儿童在成人的帮助和指导下所能达到解决问题的水平与在独立活动中所达到的解决问题的水平之间的差异。A选项中小军在妈妈的指导下逐渐学会自己叠衣服是运用“最近发展区”理论的表现。故本题选择A选项。
10. B 【解析】儿童进入语言发展期后，大概要到4岁时才能掌握本民族语言的全部语音；儿童要掌握语音，必须先听懂语音，然后才能说出语音；皮亚杰将儿童的言语划分为自我中心言语和社会化言语两大类；外部言语包括口头言语和书面言语。故B项正确。

    易错提示：言语和语言这部分的知识需要考生注意区分。

    语言和言语是两个不同的概念，但两者又密不可分。一方面，语言是在人们的言语交流活动中形成的；另一方面，言语活动是以语言作为工具进行的。根据言语活动表现形式的不同，可分为三类：(1)口头言语；(2)书面言语；(3)内部言语。口头言语和书面言语属于外部言语，从外部言语向内部言语转化时存在一个过渡形式叫出声的自言自语。

二、简答题（答案要点）

11. 简述幼儿亲社会行为发展的阶段。

    (1)亲社会行为的萌芽(2岁左右)。

(2)各种亲社会行为迅速发展，并出现明显个别差异（3～6、7岁）：①合作性行为发展迅速；②分享行为受物品的特点、数量、分享对象的不同而变化；③出现明显的个性差异。

12. 简述游戏对幼儿社会性发展的作用。

(1)游戏有助于克服幼儿的自我中心；

(2)游戏培养了幼儿的合群行为；

(3)游戏发展了幼儿遵守规则的能力。

三、论述题（答案要点）

13. 试述构建良好师幼关系的意义。

(1)幼儿从与教师的关系中获得关爱。幼儿可以从教师的爱心和保护中，获得精神需要的满足。教师对幼儿的关爱是在一定师幼关系中实现的，脱离一定的师幼关系就不可能存在对幼儿真正的关爱。

(2)幼儿获得来自教师的安全感。教师充满期待和关爱的眼神、目光、微笑、点头等都是幼儿学习和发展的动力。幼儿从良好的师幼关系中可以获得心理上的安全感。

(3)教师的榜样作用来自一定的师幼关系之中。教师要发挥应有的榜样作用需要与幼儿建立平等交往的关系，教师以关怀、接纳、开放的态度与幼儿相处，可以让幼儿深深感受到教师的行为方式和态度。

(4)良好的师幼关系有助于教师对幼儿给予更多的理解与关注。如果教师与幼儿建立了一种良好的关系，教师自然会理解孩子们的所作所为，并会对孩子们的行为做出适当的反应。比如，用语言、目光、微笑、点头及其他身体语言给幼儿以赞赏、鼓励、安慰或阻止、劝说、建议等，对幼儿的行动表示支持或不支持。

(5)良好的师幼关系有助于教师指导幼儿之间的同伴关系。良好的师幼关系会促进幼儿同伴之间的关系。例如，在处理幼儿之间的矛盾纠纷时，在良好的师幼关系的基础上，教师不会指责幼儿中的任何一个，而是试图用自己的观点来帮助幼儿理解小朋友之间应该如何处理矛盾。如果教师能够经常与儿童进行面对面的、心平气和的谈话，儿童也会逐渐学会如何解决发生在同伴之间的纠纷。

四、材料分析题（答案要点）

14. (1)存在的主要问题是：①区域设置过多过满，容易影响区域选择并引发纠纷。材料中每个班都至少设置了7～8个区域，内容过多，会影响幼儿的选择。②部分活动区域内容材料更换不及时，影响了孩子的活动积极性。材料中语言区的图片已经积了一层灰，智力区的拼图也无人问津，说明这些材料对该班的幼儿并没有起到实质性的作用，却没有被及时换掉，对幼儿的活动也产生了一定的影响。③部分区域提供的活动材料过难，影响了孩子的活动兴趣。材料中智力区的拼图因为太难了，所以该班幼儿不感兴趣。

(2)建议：①将班上的区域进行整合，数量控制在6个左右；②及时根据幼儿活动进度和教育内容的需要更换调整语言区的图片；③智力活动区内提供的拼图要符合本班大部分孩子的认知程度，避免因过难而影响幼儿操作的成就感。

15. (1)材料中的游戏类型是角色游戏。角色游戏的特点有：①与幼儿的社会生活密切联系。角色游戏是幼儿对现实生活积极主动的再现活动，游戏的主题、角色、情节、材料与规则均与幼儿的社会生活经验有密切关系。幼儿自身社会经验的丰富程度直接决定着游戏内容的丰富程度和游戏情节变换的可能性。②角色游戏是富有创造性的想象活动。想象活动是角色游戏得以进行和发展的重要支撑。角色游戏过程是创造性想象的过程，幼儿可以在角色游戏中自由地发挥其想象力和创造力，因而他们对角色游戏的兴趣最为浓厚。

(2)材料中幼儿在游戏中出现不善于分配角色的问题。硕硕认为自己是男生不能当妈妈，但是洋洋要当爸爸，这就需要再创建一个适合男生的角色。老师引导他们想出了“叔叔”这个角色，使游戏能顺利进行。在角色游戏过程中，幼儿往往非常关注自己扮演的角色，但由于自身发展水平的限制，幼儿会出现不善于分配角色的问题。为保证游戏顺利进行，教师在指导角色游戏时要适当引导幼儿学会如何较好地分配角色，让幼儿明白角色的意义及轮换角色的必要性。这不仅可以提高幼儿的游戏能力，也有助于幼儿社会性的发展。

五、活动设计题（参考答案）

16. 主题活动：《水果蔬菜》

主题活动目标

(1)认识、了解一些常见蔬菜的名称及外形特征。

(2)知道人体需要各种不同的营养。

(3)初步了解健康的小常识，发现生活中的多样性及特征。

子活动一

中班社会活动《好吃又有营养的蔬菜》

(一)活动目标

(1)通过认识蔬菜的外形特征，了解蔬菜的不同食用部分。

(2)按不同的食用部分给蔬菜分类（根类、茎叶类、果实类），发展幼儿的分类能力。

(3)初步了解蔬菜好吃有营养，做到吃饭时不挑食。

(二)活动准备

(1)与内容有关的课件。

(2)胡萝卜、黄瓜、白菜、土豆、花菜等实物若干、蔬菜图片若干。

(三)活动过程

1. 设置情景，激发幼儿的探究兴趣

(1)小朋友最喜欢的小飞飞和一群蔬菜宝宝来做客。

(2)幼儿观看各种蔬菜图片或实物，提问：你们认识这些蔬菜宝宝吗?你喜欢吃哪一种蔬菜?这些蔬菜中,可以吃的部分是什么?

(3)出示一幅完整的种子植物生长图,知道种子植物的身体是由(根、茎、叶、花、果实、种子)六部分组成。

2.出示各种蔬菜图片,了解蔬菜能吃的部分

(1)猜谜语:红漆桶,地下埋,绿的叶子顶上栽,切开红漆桶,清凉可口好小菜。(胡萝卜)说一说胡萝卜的样子?(形状、颜色、可以生吃也可以做菜)我们应该吃它的哪一部分?(根)还有什么蔬菜我们可以吃它的根?(红薯)

(2)猜谜语:瘦长的身体,翠绿的皮肤,全身是疙瘩,丑了自己美了别人。(黄瓜)那我们应该吃黄瓜的哪一部分?(果实)

(3)看图中是什么蔬菜?(白菜),说一说白菜的样子。我们该吃它的哪一部分?(叶)还有什么蔬菜我们吃它的叶。(菠菜、空心菜)

(4)这是什么?(土豆,也叫洋芋或马铃薯)。小朋友们,我们该吃它的哪一部分?(看课件)。

教师总结:蔬菜营养丰富,含有多种维生素,多吃蔬菜有助于身体健康,能使我们长得更高更快更聪明。因此,平时不能挑食。

3.分类游戏:找朋友

教师给每个幼儿提供一个蔬菜宝宝,让幼儿根据蔬菜的特征找朋友。

4.品尝交流:蔬菜沙拉

教师出示用番茄、黄瓜、红萝卜制作的沙拉,请幼儿品尝,交流《蔬菜沙拉》的制作方法。

子活动二

中班美术活动《串串水果店》

活动目标

(1)乐意动手制作水果串,认识不同的水果。

(2)学习按标记串水果,并用语言讲述操作结果。

(3)体验和同伴合作、制作的乐趣。

子活动三

中班健康活动《水果品尝会》

活动目标

(1)引导幼儿学会与同伴分享,体验共同劳动和共同分享的快乐。

(2)培养幼儿健康的卫生习惯。

(3)发展幼儿的观察力和动手尝试的能力。

国家教师资格考试预测试卷(十三)

一、单项选择题

1.B 【解析】扭伤后首先检查是否骨折,如果没有骨折,立即对伤处进行冷敷,使血管收缩止血,并达到止痛的目的。

方法技巧:学前儿童发生突发人为伤害时,需要先注意幼儿的皮肤有无破损,若无破损,一般可采用先冷敷,后热敷的方法;若有破损,应先止血、消毒,后再进行包扎等处理。

2.B 【解析】儿童数概念的形成,经历口头数数——→给物说数——→按数取物——→掌握数概念等四个阶段。

3.A 【解析】前运算阶段儿童的思维具有泛灵论的特点,即将人类的特征赋予无生命的物体,认为任何物体都是有生命的。题干中小伟认为妈妈把小熊摔疼了,说明小伟将小熊视为了有生命的物体,认为小熊能感受到疼,这体现了小伟泛灵论的思维特点。

4.D 【解析】3~4岁的幼儿已能正确地辨别基本颜色,但还不能把颜色与其名称正确地联系起来,4岁之后则能做到这一点。

5.A 【解析】替代强化是指学习者通过观察他人行为所带来的后果而受到强化。题干中,小红因为看到了小龙帮助他人而得到荣誉称号,因此自己也主动帮助别人,说明她受到了替代强化。

6.B 【解析】实验证明:在良好的教育环境下,3岁幼儿能够集中注意3~5分钟,4岁幼儿注意可持续10分钟左右,5~6岁的幼儿注意能保持20分钟左右。

7.A 【解析】《3~6岁儿童学习与发展指南》科学领域"数学认知"目标2教育建议指出,引导幼儿感知和理解事物"量"的特征。如:感知常见事物的大小、多少、高矮、粗细等量的特征,学习使用相应的词汇描述这些特征。结合具体事物让幼儿通过多次比较逐渐理解"量"是相对的。如小亮比小明高,但比小强矮。收拾物品时,根据情况,鼓励幼儿按照物体量的特征分类整理。如整理图书时按照大小摆放。

8.B 【解析】透明式的表现是指将重叠或被挡住的事物也描画出来,也被称为X光式的表现。题干中的幼儿在绘画时将所有客观存在的事物都描画出来,体现的是透明式的表现形式。

9.B 【解析】《3~6岁儿童学习与发展指南》指出,4~5岁幼儿"能通过实际操作理解数与数之间的关系,如5比4多1;2和3合在一起是5"。

10.C 【解析】焦虑—反抗型依恋的儿童在母亲离开时相当忧伤,但重逢时又难以被安慰。题干中贝贝的行为表现出了焦虑—反抗型依恋的特点,故本题选择C。

二、简答题(答案要点)

11.根据《幼儿园教师专业标准(试行)》,简述幼儿园教师进行保育和教育的态度与行为。

(1)注重保教结合,培育幼儿良好的意志品质,帮助幼儿形成良好的行为习惯。

(2)注重保护幼儿的好奇心,培养幼儿的想象力,发掘幼儿的兴趣爱好。

(3)重视环境和游戏对幼儿发展的独特作用,创

设富有教育意义的环境氛围，将游戏作为幼儿的主要活动。

(4)重视丰富幼儿多方面的直接经验，将探索、交往等实践活动作为幼儿最重要的学习方式。

(5)重视自身日常态度言行对幼儿发展的重要影响与作用。

(6)重视幼儿园、家庭和社区的合作，综合利用各种资源。

方法技巧：在幼儿园保教知识与能力的考试中有时会出现以《3～6岁儿童学习与发展指南》《幼儿园教育指导纲要(试行)》和《幼儿园教师专业标准(试行)》等法律法规为命题点的试题，考生在学习时，注意对相关知识进行理解和记忆。

12. 简述幼儿园科学领域的教育目标。

(1)对周围的事物、现象感兴趣，有好奇心和求知欲；

(2)能运用各种感官，动手动脑，探究问题；

(3)能用适当的方式表达、交流探索的过程和结果；

(4)能从生活和游戏中感受事物的数量关系并体验到数学的重要和有趣；

(5)爱护动植物，关心周围环境，亲近大自然，珍惜自然资源，有初步的环保意识。

三、论述题(答案要点)

13. 试述幼儿个体差异形成的原因。

幼儿个体差异的形成原因，概括地说可以分成两大类，即客观因素和主观因素。

(1)客观因素包括遗传因素和环境因素。遗传因素决定生长发育的可能性，环境因素决定生长发育的现实性。幼儿生长发育的过程也就是个体的遗传因素与环境因素相互作用的过程。

(2)影响幼儿发展的主观因素包含需要、兴趣爱好、能力、性格、自我意识以及心理状态等全部心理活动。①需要是最活跃的因素；②兴趣和爱好是引起个体差异的重要因素；③自我意识在心理活动中起控制作用；④心理状态包括注意、激情、心境等，是心理活动的背景。

四、材料分析题(答案要点)

14. (1)老师对洋洋游戏的干预是不合适的。材料中，洋洋用小椅子代替自行车，来实现他“摸特等奖”的情节构思。这表明：①幼儿能独立完成角色、分配任务；②游戏的目的性、计划性较强，幼儿能自觉表现故事内容；③幼儿具有一定的表演意识；④幼儿具备一定的表演技巧，能灵活运用多种表现手段，只不过表现水平有待提高。这一阶段，幼儿能够成功地以物代物，表明幼儿象征思维的发展。替代物与被替代物越不像，越具有抽象符号的意义。而教师以角色身份对洋洋所选择的替代物提出了质疑，认为小椅子不像自行车，试图引导幼儿按真实的样子加以改装，结果阻碍了幼儿的游戏想象，中断了幼儿原来的游戏进程，因此这种干预是不恰当的。

(2)老师正确的做法应是：①为幼儿提供较多种类的游戏材料，鼓励和支持他们进行多样化探索；②在游戏初期应尽可能减少干预；③随着游戏的展开，及时给幼儿提供反馈，提高其表现故事、塑造角色的能力；④通过反思性谈话和小组讨论来帮助幼儿丰富游戏情节。

15. (1)从材料中可以看出徐老师的教育行为是恰当的。材料中，徐老师在看到沐子被阳阳拒绝后伤心地哭泣时，连忙询问沐子的情况，抚慰沐子的情绪，直到沐子情绪逐渐平稳，说明徐老师关爱幼儿，并能在幼儿需要时及时给予安慰和帮助，因此，徐老师的教育行为是恰当的。

(2)帮助儿童建立良好同伴关系的策略包括：①教会儿童合作，增强儿童的自信感。材料中徐老师应该教给沐子与同伴交往和合作的策略，培养沐子的自信心，从而促进沐子同伴交往能力的发展。②教会儿童游戏，提高儿童的参与度。材料中徐老师应该引导沐子用巧妙的方式参与阳阳的游戏，并在游戏的过程中引导沐子逐渐学会处理与同伴之间的问题。③教会儿童接纳，融洽儿童的同伴关系。材料中徐老师应引导阳阳接纳沐子，而不是把沐子排斥在外，从而促进幼儿同伴关系的友好发展。④教会儿童表达，培养儿童的积极情感。材料中徐老师应当教给阳阳和沐子沟通交流的方法，培养他们的积极情感。

五、活动设计题(参考答案)

16. **大班社会活动《有趣的标志》**

(一)活动目标

(1)认识常见的交通标志，了解标志图形底色与形状的含义；

(2)能根据交通标志的用途进行分类；

(3)乐意与同伴团结协作，形成自觉遵守行为规范的意识。

(二)活动准备

物质准备：各种交通标志卡片；小老鼠玩偶

(三)活动过程

1. 活动导入

故事导入，引起幼儿兴趣

师：小朋友，今天早上小老鼠委托我们帮它一个忙，到底是什么事情呢？它遇到了什么困难呢？我们一起来听一听吧。

教师出示小老鼠玩偶并讲述故事。

2. 活动展开

(1)教师出示图片，引导幼儿观察标志

师：我们一起来看一看它们是什么标志，都代表什么意思吧！

教师出示各种交通标志的图片，请幼儿仔细观察。

(2)幼儿讨论，自由发表自己的意见

引导幼儿讨论每个标志的名称、意义；标志中底色与图形所代表的不同含义。

(3)教师讲解标志并总结

教师详细讲解每个交通标志的名称及意义。

师:红色圆框加上斜杠的标志表示禁止;黄色三角形的标志是警告标志,提醒大家要注意了,要小心了;蓝色的标志有指示的作用,可以告诉大家这是什么地方、需要做什么。

(4)通过游戏,引导幼儿根据标志的特征进行分类

教师分发标志图片,让幼儿根据自己手中的标志的用途找朋友,完成游戏。

3. 活动结束

教师总结:如果没有标志、没有规则,大家想做什么就做什么,社会将陷入混乱,我们的生命也会受到威胁,所以我们每一个人都要懂标志、守规则。

(四)活动延伸

教师布置亲子任务,引导幼儿在外出游玩或平常的生活中,记录常见的交通标志以及其他标志,家长帮助幼儿认识标志。

国家教师资格考试预测试卷(十四)

一、单项选择题

1. B 【解析】道德感是因自己或别人的言行是否符合社会道德标准而引起的情绪体验。中班孩子不但关心自己的行为是否符合道德标准,而且开始关心别人的行为,并由此产生相应的情感。题干中,小凡的告状行为就是他对别人行为的评价,是基于一定的道德标准产生的,故本题选 B。

易错提示:考生容易混淆道德感、理智感和美感,在做此类试题时,可以根据以下关键点进行区分:

道德感——用一定的道德标准去评价自己或他人的思想和言行时产生的情感体验。道德感产生的关键是运用道德标准去评价,它会受到社会规范、社会价值体系的影响。

理智感——在智力活动中,认识、探求或维护真理的需要是否得到满足而产生的情感体验。理智感产生的关键与认知活动、智力活动相关。

美感——用一定的审美标准来评价事物时所产生的情感体验。

2. B 【解析】题干中老师将同样多的扣子展开放,明明就认为两者不一样了,说明明明还不具有守恒概念。根据皮亚杰的理论,前运算阶段(2~7岁)儿童的思维的典型特点是不具有守恒概念,因此判断明明的认知发展处于前运算阶段。

3. A 【解析】我国幼儿园具有为幼儿和幼儿家长服务的“双重任务”即幼儿园对幼儿实施保育和教育;幼儿园同时面向幼儿家长提供科学育儿指导。

4. B 【解析】福禄贝尔认为游戏中玩具是必需的,幼儿通过玩具“可直觉到不可观的世界”。他制作的玩具取名为“恩物”,意为“神恩赐之物”。

5. D 【解析】题干中教师表扬了小刚之后,其他幼儿立即照着小刚的样子挺起腰来坐直,体现了幼儿爱模仿的特点。

6. A 【解析】小肌肉动作是指精细动作,如吃、穿、画画、剪纸、玩积木、翻书、穿珠子等。用手指拾起豆子属于小肌肉动作;粗大动作是指大肌肉群动作,包括抬头、翻身、坐、爬、走、跑、跳、踢、走平衡等。

7. C 【解析】《3~6岁儿童学习与发展指南》健康领域“动作发展”部分目标1“具有一定的平衡能力,动作协调、灵敏”中指出,3~4岁儿童能沿地面直线或在较窄的低矮物体上走一段距离;能双脚灵活交替上下楼梯;能身体平稳地双脚连续向前跳;分散跑时能躲避他人的碰撞;能双手向上抛球。“能躲避他人滚过来的球或扔过来的沙包”属于5~6岁儿童动作发展的要求,故C项不正确。

8. A 【解析】3~6、7岁儿童的思维,以具体形象思维为主。具体形象思维是指儿童依靠事物在头脑中的具体形象进行的思维,即依靠具体事物的表象以及对具体形象的联想而进行的思维。题干中乐乐看事物只能看到表面,即体现了幼儿思维的具体形象性。

9. A 【解析】社会化言语涵盖了四个方面的内容:适应性告知,批评和嘲笑,命令、请求(祈使)和威胁,问题与回答。

10. B 【解析】注意不稳定表现为注意的分散,也叫分心。注意的分散是指注意离开了当前应当完成的任务而被无关的事物所吸引。题干中小红在上课时爱开小差,这就是一种分心现象,故体现了注意的分散。

易错提示:注意的分配、注意的转移与注意的分散不同。注意的分配是主动的、有目的的,注意力仍集中在当前任务上。注意的转移是主动的、有目的的、符合当前活动需要的过程。注意的分散却是受无关事物吸引,心理活动离开了当前的任务,是被动的、不符合当前活动需要的过程。

二、简答题(答案要点)

11. 简述如何在实践中提高幼儿的言语能力。

(1)有目的、有计划的幼儿园语言教育活动是发展学前儿童言语能力的重要途径;(2)创设良好的语言环境,提供学前儿童交往的机会;(3)把言语活动贯穿于学前儿童的一日活动之中;(4)教师良好的言语榜样;(5)注重个别教育。

12. 简述幼儿初期(3~4岁)的心理特点。

(1)最初步的生活自理,生活目标扩大;

(2)行为具有强烈的情绪性;

(3)爱模仿;

(4)思维仍带有直觉行动性。

三、论述题(答案要点)

13. 试述幼儿教育对个体发展的意义。

(1)促进生长发育,提高身体素质

幼儿教育根据幼儿生长发育的特点，着眼于幼儿身体素质的提高，有计划地为幼儿创设一个让其身心愉快的环境。在培养幼儿良好性格的同时，合理地安排营养保健和一日生活，组织体育锻炼，培养幼儿良好的生活卫生习惯，增强其对疾病的抵抗能力和对环境变化的适应能力等，帮助幼儿增强体质，健康地成长，为将来成为体魄健壮的社会成员打下基础。

(2)开发大脑潜力，促进智力发展

幼儿期是智力发展的关键时期。在幼儿阶段开发大脑的潜力，充分发展智力，具有特别重要的意义。

(3)发展个性，促进人格的健康发展

在幼儿时期受到的教育和影响，常常会在一生中留下印记。如果在幼儿期受到良好的教育，就能形成许多好习惯，如爱清洁、懂礼貌、热爱学习、热爱劳动等，形成良好的性格、个性和符合社会要求的行为规范。正是在这个意义上，幼儿教育被视为整个社会精神文明建设的重要组成部分。

(4)培育美感，促进想象力、创造性的发展

由于幼儿思维、情感的特点，他们喜欢用形象、声音、色彩、身体动作等来思考和表达。从这一特点出发，幼儿教育以美熏陶、感染幼儿，满足其爱美的天性，萌发其美感和审美情趣，激发他们表现美、创造美的欲望，发展他们的想象力、创造力，从而可以促进幼儿健全人格的形成。

四、材料分析题(答案要点)

14. (1)幼儿注意分散的原因：①无关刺激的干扰。幼儿很容易被新异、多变、强烈的刺激物所吸引，这些都容易使幼儿的注意分散。材料中，新布置的场地，摇动的灯笼，老师的新裙子等，都容易使幼儿注意力分散。②连续进行的单调活动。幼儿如果长时间处于单调的活动状态下，容易发生疲劳。材料中，幼儿对活动的任务和目的不明确，缺乏兴趣，王老师为了完成教学任务，匆匆走完了活动流程。活动中没有引起幼儿的注意，使其缺乏兴趣。

(2)①防止无关刺激的干扰。上课时运用的挂图等教具不要过早呈现，用过应立即收起；对年幼的幼儿不要出示过多的教具。教师本身的装束要整洁大方，不要有过多的装饰，以免分散幼儿的注意。材料中，教室四周挂满了彩带和红灯笼，王老师穿着红色新裙子都是无关刺激。教师在教学之前应将彩带和灯笼等收好，穿着打扮要符合幼儿常见的形象，以免分散幼儿的注意。

②使幼儿明确活动的目的和要求。在活动前，教师或家长应向幼儿提出明确的活动目的和要求。幼儿对活动的目的要求越明确，注意的有意性越强，越容易保持注意。材料中，王老师的活动没有明确的活动目的和要求，幼儿容易注意分散。教师在活动前，应该向幼儿提出明确的活动目的和要求。使幼儿做好开始活动的准备。

③提高教学质量。教师要积极提高教学质量，这是防止幼儿注意分散的重要保证，教师要多方面改善教学内容，改进教学方法。在活动的过程中，王老师不时停止活动，匆匆走完活动流程等都是教学质量不高的表现。教师在活动中要多方面改善教学内容，改进教学方法，提高幼儿参与活动的兴趣。

15. (1)①材料中郭老师没有提供给幼儿充足的游戏材料。晨晨在游戏中缺少吹风机，理发店的幼儿也只会给客人剪头发，极有可能是游戏材料缺乏造成的。②材料中郭老师没有满足幼儿游戏的心理需求。当晨晨告诉郭老师自己没有吹风机时，郭老师没能给幼儿解决问题，而只是让幼儿玩其他的，幼儿无法在游戏活动中得到心理的满足。③材料中郭老师没有关心幼儿的游戏意愿。教师要关心幼儿游戏的意愿，善于察言观色，从幼儿的语言、表情、动作上来揣摩幼儿的游戏状态，帮助他们顺利开展游戏。但郭老师并不关心幼儿的游戏意愿，也不进行适当的引导，而是听之任之，最终导致理发店被撤掉。

(2)①要满足幼儿对游戏材料的需求，在投放游戏材料时应做到丰富、充足且富于变化，具有层次性，避免出现因游戏材料的不足而阻碍游戏发展的情况。②要尽可能满足幼儿游戏的心理需求，使幼儿游戏能达到一个理想的境界，使幼儿充分地表现、尽情地体验。③要关心幼儿游戏的进程。教师应随着幼儿游戏的发展，不断地给予支持和引导，站在幼儿的立场上去思考游戏的进程，及时给幼儿提出合理化建议，以推动游戏活动的进一步展开。

五、活动设计题(参考答案)

16. 主题活动：《我的身体》

主题活动目标：

(1)在活动中感知自己头、手、脚的结构和功能，激发探索身体奥妙的兴趣。

(2)养成良好的清洁卫生习惯。

(3)初步领会四肢会随着人体的长大而长大，激发幼儿对生活及自己成长的热爱之情。

子活动一

小班健康活动《我的身体》

(一)活动目标

(1)初步认识自己的身体器官，并了解身体各部位的名称、功用。

(2)培养自信心。

(3)培养初步的发散性思维和手口一致的能力。

(二)活动准备：

身体挂图，音乐《我的身体》。

(三)活动过程

1. 儿歌导入，引出主题

(1)播放儿歌《我的身体》，教师带幼儿做律动

师：刚才这首儿歌中都唱了什么？

(2)出示布偶安安

师：小朋友们听得真仔细，今天我们班来了一位

小朋友,他叫安安,安安有一件事情,想让我们来帮帮他,让我们一起来听听他说的事情是什么。

师:刚才你们表演得真棒,可是我还是分不清,我身体各个部位的名称,请你们帮帮我吧。

2. 引导幼儿了解身体的各个部位

(1)出示挂图,一起认识身体的各个部位

师:我们要怎么来帮他呢,咦!这里有一副身体挂图,让我们和安安一起来找一找身体的各个部位吧。

要求:指一下图片上的一个部位,摸一下自己身体的相应部位,并说一句完整的话:这是他/她/它的鼻子(或其他),我自己的在这儿!

(2)游戏:你说我指

师:刚才我们已经通过挂图认识了我们身体的各部位,现在老师要来检查一下,小朋友们是不是真的知道了。要求幼儿迅速准确地指出五官及身体部位。

师:嘘!安安在说话呢,小耳朵仔细听一听。小朋友们你们真棒,现在我知道了身体各部位的名称了,可是它们都能做什么呢?谁来帮帮安安,想一想我们的手可以干什么,脚可以干什么。

(3)律动《我的身体最神气》

师:小朋友说了那么多,安安都快记不住了,现在我们一起来跳身体操来帮帮他吧。

3. 活动结束

师:好累啊,安安都累了,小朋友们累了没有啊,让我们带安安一起去休息吧。

子活动二

小班语言活动《我的身体,这是什么》

活动目标

(1)看看、说说、动动,感知自己的身体部位。

(2)尝试用“洗洗洗,洗XX, XX洗得真干净”的话来表述画面内容,提升表达能力。

(3)感受熊宝宝与熊爸爸之间的亲情以及快乐洗澡的乐趣。

子活动三

小班社会活动《我的身体会说话》

活动目标

(1)尝试用多种肢体语言表示对同伴的友好。

(2)体验和同伴一起做游戏的快乐。

(3)愿意大胆尝试,并与同伴分享自己的心得。

国家教师资格考试预测试卷(十五)

一、单项选择题

1. B 【解析】5~6岁儿童的抽象思维能力初步发展,这时的儿童有了一定的概括思维,能进行一些简单的、逻辑抽象的思维活动。题干中学前晚期的幼儿已能够对物体进行概括并进行细致地划分,说明幼儿的抽象思维得到了发展。

2. B 【解析】用画有直线、曲线、不规则图形的纸张进行剪纸,对幼儿来说难度是不同的,体现了材料投放的层次性原则。

3. C 【解析】从发展心理学的观点来看,幼儿期被认为是感觉敏锐、反应强烈的时期。儿童在绘画中,会把他们的强烈感觉略带夸张地表达出来,构成儿童画中一个特殊的世界。题干中幼儿画的西瓜比人还大,牙齿也占了人脸的大部分,体现了幼儿感觉的强调和夸张。

方法技巧: 图式期(5~8岁)儿童的绘画有以下特点:

(1)拟人化——儿童的画中,人的特征表现在各个事物上。如站立的动物、长着人脸的鱼、戴眼镜的太阳等。

(2)透明式——将重叠或被挡住的事物也描画出来,也被称为X光式的表现。如,一幅画中,爸爸盖着被子躺在床上,但看上去爸爸就如同盖了一块透明的布一样。

(3)展开式——儿童不能以透视的观念绘画,绘画仅基于认识与经验,所以,他们的画中经常会把从多个角度观察的结果,组合在一张画中。

(4)强调式——儿童为在画中强调表现某一意图,不会顾及画中形象的大小、比例、内容等是否合理。这样的画常常会令人感到很夸张。

(5)装饰性——儿童经常会以色彩、线条、图形等在画面上进行装饰性的描画。

(6)美梦式——儿童经常会将现实中无法实现的愿望寄托于画中。如在画中打败怪兽、在画中长出了翅膀和鸟儿一起飞翔等。

4. A 【解析】情境性言语是指幼儿在独自叙述时不连贯、不完整并伴有各种手势、表情,听者需结合当时的情境,审察手势表情,边听边猜才能懂得意义的言语。题干中的这种言语被称为情境性言语,故答案选A项。对话言语是在两个人之间互相交谈;独白言语则是一个人独自向听者讲述;内部言语是言语的高级形式,它不是用来和人交际的言语,它的发音隐蔽,而且比外部言语更概括和压缩。

5. D 【解析】碘缺乏会导致甲状腺素合成不足,造成碘缺乏病。碘缺乏的典型症状为甲状腺肿大。胎儿发育期缺碘,婴儿出生后就会生长发育迟缓、智力低下,严重者发生“呆小症”,即“克汀”,表现为聋、哑、矮、傻。

6. A 【解析】亲社会行为又称为积极的社会行为,指一个人帮助或打算帮助他人,做有益于他人的事的行为和倾向。幼儿的亲社会行为主要有:同情、关心、分享、合作、谦让、帮助、抚慰、援助、捐献等。题干中豆豆帮助丁丁搬积木属于亲社会行为中的帮助。

7. A 【解析】幼儿的思维是根据自己的生活经验来进行的。题干中幼儿知道人生病时要打针吃药,所以认为小树生病也需要打针吃药,说明幼儿的思维借助了已有经验,体现了幼儿思维的经验性。

8. D 【解析】大班幼儿开始有了合作意识,他们会选择自己喜欢的玩伴,也能与三五个小朋友一起开展合作性游戏。

9. B 【解析】《3~6 岁儿童学习与发展指南》指出,5~6 岁幼儿应“养成每天按时睡觉和起床的习惯;能主动参加体育活动;吃东西时细嚼慢咽;主动饮用白开水,不贪喝饮料;主动保护眼睛,不在光线过强或过暗的地方看书,连续看电视等不超过 30 分钟;每天早晚主动刷牙,饭前便后主动洗手,方法正确”。

10. C 【解析】回避型依恋的幼儿,母亲在不在场都影响不大。母亲离开时,他们并无特别紧张或忧虑的表现,当母亲回来时,也往往不予理会。虽然有时会欢迎母亲的到来,但只是暂时的,接近一下就又走开了。故题干描述体现的是回避型依恋。

二、简答题(答案要点)

11. 简述制定幼儿园一日生活日程的依据。

(1)根据幼儿的年龄和体质安排活动;(2)根据幼儿的生理活动特点安排活动;(3)根据地区特点及季节变化做适当的调整;(4)根据家长的需要,安排幼儿入园和离园的时间。

12. 简述幼儿身体发育的主要规律。

(1)身体发育是连续性和阶段性的统一;

(2)身体发育的不均衡性,表现为:①不同年龄段身体发育的速度不均等;②身体各部分的生长速度不均等;③各系统的发育不均衡;

(3)身体发育具有程序性;

(4)身体发育具有个别差异性。

三、论述题(答案要点)

13. 试述幼儿园创设活动区的要求。

(1)多样而丰富的内容。为适应幼儿个别差异,要根据幼儿的兴趣和身心发展水平或配合教育任务,设置多种活动区,并要经常更换活动区的内容。

(2)要易于观察或记录。无论活动区布置在室内任何角落,都必须方便教师的观察或记录。

(3)合乎安全原则。设备、材料的放置应合乎幼儿的身高,并坚固耐用。

(4)类似的活动安排在一起,注意动静交替。如将安静的图书区、自然区放在一起,以免其它活动干扰。

(5)活动时所需材料应置于附近。各种设备、材料应尽量放在幼儿伸手可及之处,刺激并便于幼儿充分利用其开展活动。切忌束之高阁,限制幼儿利用。

(6)有足够的自由活动空间。如果空间有限,可根据幼儿兴趣和教育的需要轮流安排活动区,不必同时设置所有的活动区。

(7)注意活动区之间的相对封闭与分割。活动区之间形成间隔,使每个区域独成一体,有利于幼儿在区域内的活动,特别是对于一些独立操作性较强的活动区更应如此。但应注意的是,封闭的程度要以幼儿之间互不干扰活动、教师置身于活动区外又能观察到幼儿的活动为原则。

(8)注意光线的明暗。对于需要光线的活动区,如图书区、观察区,要将其安排在光线充足、照明好的位置上,使幼儿在活动的过程中,不仅在知识、技能上能得到发展,而且在健康上也能得到保障。

四、材料分析题(答案要点)

14. (1)材料中杨老师在幼儿游戏时的三次介入分析如下:①材料中杨老师第一次介入的时机是不适宜的。幼儿在确定结构游戏的主题时,教师使用的是指令性语言“那你们就搭个幼儿园吧!”,并且对幼儿游戏介入指导的过早,因此介入的方式不合理,导致幼儿“迟疑了一下说:‘好吧’”。

②第二次介入时机是适宜的,在孩子游戏出现困难时,杨老师及时介入,通过语言指导“班上有什么东西能让我们迅速长高呢?”,引发了豆豆的思考,使豆豆想出了用凳子垫脚的方法。

③材料中杨老师的第三次介入是合理的,老师和幼儿一起游戏,帮忙扶好凳子,可以确保幼儿的安全。同时也帮助幼儿取得成功,有利于幼儿获得成就感和满足感。

(2)教师介入幼儿游戏的适宜性策略:①介入的角色定位。教师应以支持性角色介入幼儿的游戏,包括:旁观者;舞台管理者;共同游戏者;游戏带头人。

②介入的时机。教师对游戏干预时机的选择主要取决于两个因素:第一,幼儿客观的需要,即看幼儿的游戏行为是否自然顺畅,是否需要帮助;第二,教师的主观心态和状况,即教师希望幼儿在游戏中表现出的水平、态度和情绪体验,也包括教师是否具备投入幼儿游戏的热情和精力。当幼儿游戏出现困难时介入;当必要的游戏秩序受到威胁时介入;当幼儿对游戏失去兴趣或准备放弃时介入;在游戏内容发展或技能方面发生困难时介入。

③介入的方式。教师介入游戏的方式主要有以下两种:外部干预和内部干预。外部干预是指教师并不直接参与游戏,而是以一个外在的角色,引导、说明、建议、鼓励游戏中幼儿的行为;内部干预是指教师以游戏中的角色身份参与幼儿的游戏,以游戏情节需要的角色动作和语言来引导幼儿的游戏行为。

④介入的注意点。教师介入幼儿游戏时应注意:分层次指导;慎扮“现实代言人”角色;及时退出。

15. (1)这位教师的做法是不对的,她的做法其实就是一种负面的情绪教育——“以暴制暴”。“再哭爸爸就不来接”这样的严惩、恐吓和威胁性质的语言,不但会扼杀孩子的自尊心,还会使幼儿丧失心理安全感。面对幼儿的负面情绪,不正确的做法有否定感受:打骂、恐吓、哄骗,情绪"绑架",取消权利,讲大道理,给孩子定性,贴上胆小或坏脾气等的标签。

正确的做法应为:采取积极的教育态度找到幼儿情绪激动的真正原因,寻找情绪背后的需求和想法,及时安慰,引导孩子宣泄负面情绪,给孩子"心理玩具",提供缓解情绪的物品;"故事知道怎么办"(给孩子讲有治疗作用的故事)。

(2)具体方法如下:

①行为反思法。让孩子想一想自己的情绪表现是否合适。例如,在孩子哭闹后,让他想一想这样哭闹好不好;和小朋友玩玩具发生争执时,想一想自己的行为对不对,还有哪些解决问题的办法。

②想象法。当幼儿遇到困难或挫折而伤心时,教他想想自己是"大姐姐""大哥哥""男子汉"或某个英雄人物等。

③自我说服法。孩子初入园由于要找妈妈而伤心地哭泣时,可以教他自己大声说:"好孩子不哭。"孩子和小朋友打架,很生气时,可以要求他讲述打架发生的过程,孩子会越讲越平静。

随着年龄的增长,在正确的引导和培养下,儿童能学会恰当地调节自己的情绪并学会情绪的适当表现方式。

五、活动设计题(参考答案)

16. 主题活动:《影子》

主题活动总目标

(1)愿意探究影子,乐于探索影子与身体、光的关系;

(2)知道影子的主要特征,了解皮影戏的构成及原理;

(3)能自主运用各种方法探究、发现影子的特征及变化,能用流畅的语言分享自己的探究结果。

子活动一

大班科学活动《影子与身体》

(一)活动目标

(1)喜欢探究影子,感受探究的乐趣;

(2)了解影子的主要特征,知道影子与身体的关系;

(3)能运用多种方法探究影子的奥秘,并会使用记录表记录自己的探究结果。

(二)活动准备

物质准备:水彩笔、纸;记录表

(三)活动过程

1. 活动导入

提问导入,引出活动主题

师:小朋友们,你们知道自己的影子是什么样子的吗?

2. 活动展开

(1)幼儿想象自己的影子,并画出影子画

师:那小朋友们用笔画一画自己印象中的影子吧!

(2)幼儿讨论,并与同伴分享自己对影子的看法

(3)教师提出观察要求和任务,引导幼儿观察影子

教师对幼儿进行分组,分发影子调查记录表,介绍观察任务。

师:在稍后的户外活动中,请你们认真观察自己的影子,并对照自己的画,看一看你画的影子和自己真实的影子是不是一样的,并填写在记录表上。

(4)幼儿与同伴合作进行观察,用多种方法搜索答案,教师适时予以指导

3. 活动结束

幼儿分享户外探究的结果,教师与幼儿共同总结影子的特征。

师:影子是黑色的,没有五官;在站立时影子是与脚连在一起的,倒立时影子与手连在一起,影子总是与身体的某个部位连在一起,但跳起时,影子会暂时与身体分开。

(四)活动延伸

幼儿再画一次影子画,将两次画的影子画做对比,布置在作品展示区。

子活动二

大班科学活动《影子与光》

活动目标

(1)乐意探究光和影子之间的关系,体验科学活动的乐趣;

(2)知道影子是由于物体挡住了光而产生的;

(3)能自主运用一定的方法验证自己的猜想,敢于大胆讲述自己的探究结果。

子活动三

大班艺术活动《有趣的皮影戏》

活动目标

(1)喜欢皮影戏,愿意体验皮影戏带来的乐趣;

(2)了解皮影戏的原理和构成,感知皮影戏特殊的艺术风格;

(3)能够大胆分享自己对皮影戏的认识。

国家教师资格考试预测试卷(十六)

一、单项选择题

1. C 【解析】在幼儿末期(即6~8岁),幼儿开始出现抽象思维的萌芽,开始获得可逆性思维。例如,幼儿开始认识到如果在一堆珠子中减去几个,然后增加相同数目的珠子,这堆珠子的总数将保持不变。题干中妞妞的思维属于可逆性思维。

2. B 【解析】再造想象是根据语言文字的描述或图形、图解、符号等非语言文字的描绘,在头脑中

形成相应的新形象的过程。选项中只有B项体现了幼儿的再造想象。

易错提示：考生易混淆创造想象和再造想象，遇到此类试题时，可通过以下关键点进行区分：

再造想象强调记忆表象的丰富，以丰富的表象为基础，利用词语思维的组织作用，在头脑中形成新形象；

创造想象强调想象的首创性、新颖性，根据一定的目的、任务，对感性材料进行分析、综合、加工、改造，创造出新形象。

3. D 【解析】幼儿生长发育具有不均衡性，体现在以下三个方面：①生长发育的速度不均等，各年龄阶段生长发育的速度不同，有快有慢，呈波浪式；②身体各部分的生长速度不均等；③人体各系统的发育不均衡。题干中所述体现了幼儿生长发育的不均衡性。

方法技巧："幼儿身心发展的规律"在考试时经常以选择题的形式进行考查，考生在做此类试题时，可根据以下关键词进行区分和记忆。

(1)程序性强调由低级到高级、由简单到复杂，不能逾越，也不会逆向发展。即"由……到……"。

(2)连续性和阶段性强调在某一年龄阶段，儿童生理和心理都会表现出一些一般的、典型的、本质的特征。即"某一阶段的特征"。

(3)不平衡性一方面是指身心发展的同一方面的发展速度，在不同的年龄阶段是不平衡的；另一方面是就个体身心发展的不同方面而言的。即"不同的年龄阶段、不同方面"。

(4)个别差异性强调不同个体之间的身心发展存在着发展程度和速度的不同。即"不同个体、发展程度和速度不同"。

4. C 【解析】幼儿思维的具体性是指幼儿思维的内容是具体的。幼儿在思考问题时，总是借助于具体事物或具体事物的表象。题干所述即体现了幼儿思维的具体性，故本题选C。

5. C 【解析】好奇心是一种认识兴趣，它是人在认识事物过程中表现出来的短暂的探索性行为。幼儿的好奇心很强，主要表现在探索行为和提出问题两个方面。题干中辉辉拆卸遥控汽车是为了弄清楚汽车行驶的原理，说明他具有探索欲望。

6. A 【解析】幼儿园大班可以更集中、更有针对性地对幼儿进行一些专门性的入学准备活动，以激发幼儿向往小学生活的愿望。题干中的活动可以培养幼儿对小学生活的向往之情，激发幼儿良好的入学动机。

7. A 【解析】道德感是因自己或别人的言行是否符合社会道德标准而引起的情绪体验。题干中幼儿因其他小朋友违反规则而产生不满，因自己做错事而感到内疚，说明幼儿已懂得区分对错，具有一定的道德意识，即属于道德感。

8. C 【解析】陈鹤琴先生是我国著名的幼儿教育家。他于1923年创办了我国最早的幼儿教育实验中心——南京鼓楼幼稚园，他创立了"活教育"理论，一生致力于探索中国化、平民化、科学化的幼儿教育道路。他被誉为"中国幼儿园之父"。

9. C 【解析】象征性游戏是处于前运算阶段(2~7岁)儿童常进行的一类游戏。它是把知觉到的事物用它的替代物来象征的一种游戏形式。题干中青青用海绵条给客人洗头发，即属于象征性游戏。

10. B 【解析】《幼儿园教育指导纲要(试行)》指出，"幼儿园的教育内容是全面的、启蒙性的，可以相对划分为健康、语言、社会、科学、艺术等五个领域，也可作其他不同的划分"。

二、简答题(答案要点)

11. 简述幼儿园一日生活的教育意义。

(1)保障幼儿生命和身体的健康；

(2)培养幼儿的独立生活能力和养成良好的生活与卫生习惯；

(3)促进幼儿智力的发展；

(4)促进幼儿社会性的发展。

12. 简述培养学前儿童想象力的措施。

(1)丰富幼儿的表象，发展幼儿的语言表现力；(2)在文学艺术等多种活动中，创造幼儿想象发展的条件；(3)在游戏中，鼓励和引导幼儿大胆想象；(4)在活动中进行适当的训练，提高幼儿的想象力；(5)抓住日常生活中的教育契机，引导幼儿进行想象；(6)引导幼儿的想象符合客观规律。

三、论述题(答案要点)

13. 试述影响儿童游戏的因素。

(1)影响儿童游戏的物理环境因素

①玩具及材料。玩具是游戏的工具，是游戏的物质条件。

②游戏场地。A. 游戏场地的空间密度包括游戏人口密度和游戏材料密度两个方面。它主要表现为儿童活动空间的大小，这会影响到儿童所能获得的游戏材料(或玩具)的数量，也最终影响到儿童具体的游戏行为及儿童之间的相互关系。

B. 游戏场地的地点对儿童游戏的影响。研究表明，如果让孩子自由选择，年长的幼儿比年幼的幼儿更倾向于选择户外游戏；而且，男孩较女孩更喜欢户外游戏，他们在户外游戏的时间和发生频率也长于或高于女孩。但是在室内没有发现有明显的差异。

C. 游戏场地的空间结构指空间的开放与区隔，以及区隔的形式等。不同的开放与区隔以及区隔形式对学前儿童均产生不同的影响。

D. 安放在场地中心位置的设备比角落位置的设备能引起幼儿更多的相互作用的游戏，且设备的使用率也较高。

③游戏时间。游戏时间直接影响着儿童游戏的数量和质量。

(2)影响儿童游戏的社会环境因素

①母子之间的社会性关系不仅影响着游戏中社会性因素的发展，而且也制约着儿童与物之间

的非社会性关系的建立。母亲对儿童游戏的影响还表现在她为孩子探索和游戏提供了安全感及其强化的作用。

②完整的家庭结构和家庭成员间的和谐关系所构制的良好气氛是儿童健康成长和游戏发展的根本保障。

③儿童与儿童之间所结成的伙伴关系,构成儿童世界的主要人际关系。儿童有无伙伴,以及伙伴的熟悉程度、年龄、性别等因素,都会对儿童的游戏产生不同的影响。

④大众媒体使儿童的接受性游戏的时间延长,即儿童的一部分时间被看连环画、听广播、看电视和玩电子游戏等占用,尽管这是儿童自愿选择的游戏形式,但相比其他游戏形式,在发展的主动性上却更多地受制于技术的局限。

⑤教育是一个非常复杂的动态系统,不同结构特点的课程展示出的教师组织儿童活动的方式、教师的态度、教育目标以及内容等各种因素的变化都会对儿童的游戏产生不同影响。

(3)影响儿童游戏的个体因素

①性别差异。学前儿童游戏的性别差异主要表现为对玩具、游戏的活动类型和游戏的主题及扮演角色等方面的不同偏爱。

②年龄差异。不同年龄的儿童因体能、认知、语言、社会性等身心发展的诸多方面处于不同的阶段,其游戏也表现出不同的具体方式和发展水平。

③个性差异。由于儿童的个性(气质、性格、能力等)以及情感、社会性等心理特征所表现出来的相对稳定的倾向性不同,也使得儿童在游戏的兴趣和游戏的风格等方面表现出不同的倾向特征,即在游戏上表现出明显的个性差异。

④健康和情绪等其他个体偶然因素的影响。儿童活动时的健康及情绪状态等其他个体偶然因素也对游戏的行为产生直接影响。

四、材料分析题(答案要点)

14. (1)浩浩属于被忽视型儿童。不喜欢交往,常一个人玩,在群体交往中显得退缩、害羞、不起眼,常常被冷落。

(2)可能的原因:①家庭因素,如早期亲子交往的经验、父母的鼓励与教养方式、家庭的居住条件、幼儿的家庭教育条件等。材料中浩浩出现被忽视型的同伴关系,极有可能受到了家庭因素的不良影响。②托幼机构因素,如教师的影响、活动材料和活动性质。一个幼儿在教师心目中的地位如何,会间接地影响到同伴对这个幼儿的评价,材料中教师的忽视可能强化了浩浩的同伴交往类型。活动材料,特别是玩具,是幼儿同伴交往的一个不可忽视的影响因素,幼儿之间的交往大多围绕玩具发生。不同的活动材料和性质也会对浩浩的同伴交往类型产生影响。③幼儿自身的特征,如外表和个人性格。幼儿的身心特征一方面制约着同伴对他们的态度和接纳程度,另一方面也决定着他们在交往中的行为方式。因此,浩浩的外表和性格也可能导致他产生被忽视型的同伴关系。

教育建议:①教会儿童合作,增强儿童的自信感;②教会儿童游戏,提高儿童的参与度;③教会儿童接纳,融洽儿童的同伴关系;④教会儿童表达,培养儿童的积极情感。

15. 既然是为幼儿创设的活动区,就不能简单地作为幼儿的休闲场所,而要使之成为实现教育目标和培养幼儿发展的一个教育途径,那么在创设活动区时就要遵循一定的原则。

(1)教育性原则。活动区的创设要遵从教育性原则,是指要根据幼儿园的教育目标来设计区域环境。教师要以教育目标和本班幼儿的实际发展水平为依据,有目的、有计划地选择合适的内容和主题,创设合适的活动环境。“自由区”的设置符合教育性的原则,材料中班里的几名女孩子在玩耍的过程中,得到了一定的教育和发展。

(2)整体性原则。整体性原则包括两方面:整个活动区的空间布置是一个整体;幼儿的发展是一个整体,活动区域的设计应涵盖幼儿发展的每一方面。在“自由区”中,幼儿的各方面能力都能得到发展。

(3)动态性原则。动态性原则的主要内容有:①活动区的种类和数量应该是动态的。②材料的提供也应该是动态的。因此,教师要随着活动的进展和幼儿的发展,不断给予幼儿大量生动、形象的刺激物,给幼儿提供尝试的机会,从而激发幼儿兴趣,促进幼儿获得持久的发展。“自由区”的设置充分体现了动态性原则,不仅有利于激发幼儿的积极性和主动性,也有利于幼儿创造力的发展。

五、活动设计题(参考答案)

16. 主题活动:《我》

主题活动目标

(1)初步了解身体各部位都会活动,懂得保护自己的身体。

(2)探索、发现生活中的多样性。能用轮流的方式谈话,体会与同伴交流、讨论的乐趣。

(3)养成对他人、社会亲近、合作的态度,学会关心、帮助周围的人,体验与同伴相处的快乐。

子活动一

大班语言活动《独一无二的我》

(一)活动目标

(1)知道每个人的外形特征、兴趣爱好、能力特长都是不同的,理解“独一无二”的含义。

(2)通过同伴的评价了解自己的独一无二,从而体验到快乐和自豪。

(3)在集体中展示自己独一无二之处,学习正确地自我评价。

(二)活动准备

(1)绘本《各种各样的人》,PPT课件。

(2)与幼儿人数相当的记录纸、笔,展示板一块。

（三）活动过程

1. 谈话导入，引出主题

（1）出示PPT中的“人”字

师：你们认识这个字吗？（人）

师：对，一撇一捺，就是我们中国的文字“人”。（出示PPT中展现人山人海情景的图片）世界上有很多很多的人，这些人都长得一样吗？有哪些地方不一样？

（教师引导幼儿重点从长相、身高、体重、体型、头发、肤色等方面进行描述性的分析，也可从性别、年龄等角度进行分类讲述。）

（2）阅读绘本，理解绘本内容

师：今天，老师带来了一本书（出示绘本封面），书名就叫《各种各样的人》。世界上有许多人，这些人长相都不一样，是“各种各样的人”，我们去书中找一找他们都有哪些地方长得不一样。

（3）讨论不同的人都有怎样的特点

师：你们还见过什么样的人？

师：你们刚才都说得很好，人有许多不一样的地方，比如人的长相不一样；人的身高、体重不一样；人的性别不一样；人的年龄也不一样……

师：除了上面提到的这些方面之外，人还有哪些地方不一样？每个人喜欢的东西都是一样的吗？每个人的本领都是一样的吗？（引导幼儿和同伴说说自己的兴趣爱好和能力特长。）

（4）引导幼儿理解什么是“独一无二”

师：刚才我们在看图书以及与同伴的交谈中知道了世界上有各种各样的人，每一个人都有自己的特点，可能是长相不同，也可能是兴趣爱好和本领不同，所以说每个人在这个世界上都是“独一无二”的。你们知道什么是“独一无二”吗？

师：“独一无二”就是指世界上除了它就没有第二个，是唯一一个，没有相同的，很特殊，很珍贵，就好像我们班每个孩子都是独一无二的，没有相同的，都是老师和爸爸妈妈眼中的珍宝。

2. 通过观察、辨别了解自己的独一无二

（1）感知每个人外在的独特性

教师播放PPT，组织小游戏：猜猜这是谁？

①看图片：班里某个幼儿五官的特写照片（如只呈现眼睛或嘴巴等），侧影或背影照片。猜猜这是谁？你是根据他或她的什么特征猜出来的？

②听录音：班里某幼儿说话的声音或唱歌的声音。猜猜这是谁？你是根据他或她的什么特征猜出来的？

③看视频：某幼儿在远处做某个动作（如打拳）时的侧面或背面影像。猜猜这是谁？你是根据他或她的什么特征猜出来的？

师：刚才的活动再次证明每个人的长相、声音、本领都是独特的，和别人不一样。尤其是相处时间长了，大家更加了解和熟悉，只要一看或一听，就能说出他（她）是谁。

（2）感知每个人内在的独特性

师：其实，每个人除了外在的长相、声音等不一样，还有许多内在的东西不一样，我们虽然一时看不到，但通过相互了解就可以知道每个人的兴趣、爱好、特长都不一样。

师：（继续利用PPT展示绘本画面并讲述）每一个人的兴趣爱好、特长本领也是不一样的：有的人喜欢跳舞，有的人喜欢画画，有的人会唱歌……

师：你有什么兴趣爱好或本领呢？

（教师请幼儿说一说，每个幼儿说完就上台来表演、展示一下或具体介绍一下。）

师：我们班的小朋友都有着与别人不同的兴趣爱好，有的喜欢看动画片，有的喜欢画画，有的喜欢唱歌，有的喜欢旅游，有的喜欢搭积木……也有不同的本领，有的跳绳很棒，有的会游泳，有的会弹琴，有的会讲故事，有的会剪纸、折纸……在老师眼里，你们每个人都是独一无二的。

3. 通过绘画和语言表达自己的独一无二

（1）请幼儿画一画，把自己觉得最与众不同的地方或最棒的方面出来

（2）将幼儿的作品呈现于展示板上，让幼儿互相观摩，互相介绍

（3）请幼儿用一句响亮的话把自己觉得最与众不同的方面告诉大家

（4）师幼共同创编散文诗《我是独一无二的》，激发幼儿的情感共鸣

师：让我们把刚才大家总结出的自己那些独一无二的方面用一个接一个的方法连起来，来编一首优美好听的散文诗吧。

师：世界上有各种各样的人，
就像花园中五颜六色的花，
天空中形态各异的云，
大海中色彩斑斓的鱼，
每个人都是独一无二的。

（启发幼儿以接龙的方式创编）

幼：我是独一无二的×××，
我会唱歌会画画。
幼：我是独一无二的×××，
我……

师、幼：我们每一个人在这个世界上都是独一无二的。

师：希望你们都能保持自己独一无二的优点，好好地欣赏自己、爱自己，这样一定会让更多的人认识你、喜欢你，会有更多的人愿意和你做朋友。

（四）活动延伸

教师将活动中孩子们朗诵的录音和绘本《各种各样的人》一起投放到阅读区，供感兴趣的幼儿翻翻、听听。鼓励幼儿回家自制图画书《独一无二的我》，以便更完整地表达对自己的认识。

子活动二

大班社会活动：《我自己》

活动目标

(1)比较和发现自己与小伙伴的不同,知道自己是独一无二的。
(2)愿意自己动脑筋,和别人有不同的想法。
(3)敢于大胆地在集体面前表现自己,喜欢自己,为自己与别人的不同感到高兴。
子活动三
大班音乐活动《唱唱我的名字》
活动目标
(1)能用欢快的声音演唱歌曲,唱准高音部分,并能自如地接唱。
(2)能根据歌曲的情绪特点,创编有趣的动作自由地表现歌曲。
(3)在演唱自己名字的过程中产生自豪感和愉悦感,体验与同伴互动演唱的快乐。

国家教师资格考试预测试卷(十七)

一、单项选择题

1.B 【解析】幼儿初期(3~4岁),已能初步辨认红、橙、黄、绿、蓝等基本色,但在辨认紫色等混合色和蓝与天蓝等近似色时,往往较困难,也难以说出颜色的正确名称。
方法技巧:考生在记忆幼儿期颜色视觉的发展特点时,可以通过以下关键点进行记忆:
幼儿初期——初步辨认基本色,难以辨认混合色和近似色;
幼儿中期——能辨认基本色和近似色;
幼儿晚期——能正确说出颜色的名称,并能调配出需要的颜色。

2.B 【解析】小班幼儿的工具性攻击行为多于敌意性攻击行为,而大班幼儿的敌意性攻击行为则显著多于工具性攻击行为。

3.A 【解析】幼儿的思维以具体形象为主,即依靠具体事物的表象以及对具体形象的联想而进行思维。而想象是对头脑中已有的表象进行加工改造。题干中幼儿用手假装方向盘,说明幼儿的思维具有想象的功能。

4.B 【解析】有意注意是指有预定目的,需要一定意志努力的注意。在良好的教育环境下,3岁幼儿注意维持的时间一般在3~5分钟。

5.C 【解析】19世纪中叶,福禄贝尔创办了世界上第一所幼儿园,而且创立了一整套幼儿教育理论和相应的教育方法、教材、玩具等。他推动了世界范围内幼儿园运动的兴起和发展,因此被世人誉为"幼儿园之父"。

6.C 【解析】病毒性肝炎是由多种肝炎病毒引起的一种传染病。主要表现为食欲减退、恶心、乏力,或偶尔呕吐、腹泻,肝大并有压痛、肝功能异常,不喜欢吃油腻食物等。题干中小天的症状表明其可能患了病毒性肝炎。

7.A 【解析】《3~6岁儿童学习与发展指南》社会领域指出,幼儿的社会性主要是在日常生活和游戏中通过观察和模仿潜移默化地发展起来的。成人应注重自己言行的榜样作用,避免简单生硬的说教。

8.B 【解析】幼儿基本上是对自己的外部行为进行自我评价,而不能深入到对自己的内心品质进行评价。题干中幼儿在回答自己是好孩子的理由时,倾向于以外部行为作答,体现的是对自己外部行为的评价。

9.A 【解析】合作游戏是幼儿后期出现的较高级的游戏形式,是一种有着共同需要和共同计划,并经过共同协商完成的游戏活动。题干中两个班级进行踢足球比赛,有着共同的目标和计划,并需要在协商中共同完成,故属于合作游戏。
易错提示:关于题干中出现的这几种游戏类型是考试时的重点内容,需要考生重点区分。
独立游戏是自己一个人玩,意识不到周围人的存在;
平行游戏是一个人玩(和其他人在同一空间玩相同或者相似类型的游戏),能够意识到他人的存在,不会和别人交流,但是会模仿他人的行为;
联合游戏是两人及两人以上一起游戏,但是角色或者材料分工等不明确;
合作游戏是两人及两人以上一起游戏,并且角色、材料分配等明确。

10.C 【解析】教师在指导幼儿的区域活动时,应加强区域间的配合、渗透,加强横向联系。不同区域虽然是相对独立的,但它们之间可以相互联系起来,这可以增强活动的趣味性,使儿童保持活动的兴趣。

二、简答题(答案要点)

11.如何防止幼儿注意分散?
学前儿童无意注意发展占优势,有意注意初步发展,为防止幼儿注意分散,教师组织活动时应注意:(1)防止无关刺激的干扰;(2)制定合理的作息制度;(3)养成良好的注意习惯;(4)适当控制幼儿的玩具和图书的数量;(5)使幼儿明确活动的目的和要求;(6)灵活地交互运用无意注意和有意注意;(7)提高教学质量;(8)对幼儿进行有意注意的训练。

12.简述幼儿自我意识能力的培养策略。
(1)在日常生活中培养幼儿的自我意识;(2)在各种活动中正确引导幼儿的自我意识;(3)教师评价幼儿要把握分寸;(4)教师应为幼儿提供自我评价的机会;(5)家园配合,指导家长实施正确的教育。

三、论述题(答案要点)

13.试述教师如何在实践中提高幼儿的言语能力。
幼儿的言语能力是在社会环境与教育的影响下形成和发展的,因此,要重视在实践中发展幼儿的言语能力。

(1)有目的、有计划的幼儿园语言教育活动是发展幼儿言语能力的重要途径。教师在幼儿园的语言教育活动中,要注意调动幼儿说话的积极性,给予幼儿练习的机会,促进幼儿语言的发展和语言的规范化。

(2)创设良好的语言环境,提供给幼儿交往的机会。教师要组织丰富多彩的活动,为幼儿提供充分的交往机会,间接地促进幼儿言语能力的发展。同时,也要关注幼儿在交往中用词的准确性和句子的完整性。

(3)把言语活动贯穿于幼儿的一日活动之中。在幼儿园的一日活动中,教师要注意引导幼儿通过观察、交谈等获得丰富的言语经验,同时复习、巩固和运用在专门的语言活动中所学过的词汇和句式,鼓励幼儿用清楚、准确、连贯的语言描述周围事物,表达自己的情感和愿望。

(4)教师良好的言语榜样。在平时的教育活动中,教师要坚持说普通话,尽量做到吐字清晰、准确,从而潜移默化地影响幼儿的语言发展。

(5)注重个别教育。每个幼儿的个性特征和智力水平都存在差异,因此,他们言语的积极性和语言能力的发展水平并不相同,教师在教育活动中要关注幼儿发展的个别差异,不可忽视对幼儿的个别教育。对言语能力较强的幼儿,教师可向他们提出更高的要求;但对言语能力较弱的幼儿,教师要鼓励他们大胆说话,给予他们更多的表达机会,从而提高他们的言语水平。

四、材料分析题(答案要点)

14. 幼儿理解事物的水平不高,不深刻,常受外部条件的限制。

(1)幼儿对事物的理解往往是表面的,不能理解事物的内部含义。因此,我们在实际工作中一定要注意幼儿的理解特点,坚持正面教育,多结合具体形象的事物来帮助幼儿理解和做出判断。材料中,妈妈说的是假设性的句子,但是小花没有办法理解,把妈妈的话片面地理解成了小狗永远都不会回来了,所以就变得愈加伤心。妈妈说话前没有考虑到小花失去小狗的难过心情,也没有考虑到小花的理解特点,导致小花越哭越厉害。

(2)幼儿对事物的情感态度,常常会影响他们对事物的理解。因此,幼儿对事物的理解常常是比较主观的。材料中,小花由于心爱的小狗不见了,而哭了很久,在妈妈展现出不耐烦的表现后,尤其是当小花听到妈妈说出“小狗永远都回不来了”的字眼时,就会主观地理解为小狗确实回不来了,所以小花变得更加伤心,越哭越凶。

15. (1)①能初步感受并喜爱环境、生活和艺术中的美;②喜欢参加艺术活动,并能大胆地表现自己的情感和体验;③能用自己喜欢的方式进行艺术表现活动。

(2)①引导幼儿接触周围环境和生活中美好的人、事、物,丰富他们的感性经验和审美情趣,激发他们表现美、创造美的情趣。材料中林老师启发他们观察蝴蝶的色彩和形态,激发幼儿的兴趣。

②在艺术活动中面向全体幼儿,要针对他们的不同特点和需要,让每个幼儿都得到美的熏陶和培养,对有艺术天赋的幼儿要注意发展他们的艺术潜能。材料中丽丽等一群孩子要表演《三只蝴蝶》,林老师就提议他们自己做头饰装扮,还扮演其中的角色参与游戏,发展了幼儿的艺术潜能。

③提供自由表现的机会,鼓励幼儿用不同艺术形式大胆地表达自己的情感、理解和想象,尊重每个幼儿的想法和创造,肯定和接纳他们独特的审美感受和表现方式,分享他们创造的快乐。材料中林老师在美工区提供画笔、颜料、彩泥等材料,让幼儿自主表现蝴蝶,提供幼儿自由表现的机会,尊重了幼儿的想法,发展了幼儿的想象力。

④在支持、鼓励幼儿积极参加各种艺术活动并大胆表现的同时,帮助他们提高表现的技能和能力。材料中,在语言活动中,林老师讲了《三只蝴蝶》的故事,并和孩子们一起玩《花儿和蝴蝶》的音乐游戏。林老师在美工区提供画笔、颜料、彩泥、橡皮泥等材料,让孩子们自主表现蝴蝶。林老师鼓励幼儿用不同艺术形式来表现蝴蝶,加深了他们的认识,提高了他们的表现技能。

⑤指导幼儿利用身边的物品或废旧材料制作玩具、手工艺品等来美化自己的生活或开展其他活动。材料中林老师投放美术材料供幼儿操作,并提议幼儿自己做头饰装扮,培养幼儿的动手能力和创造能力。

⑥为幼儿创设展示自己作品的条件,引导幼儿相互交流、相互欣赏、共同提高。材料中林老师引导孩子和家长一起收集蝴蝶的照片和标本并展示出来,还经常和孩子们一起欣赏、交流蝴蝶美在哪里,使孩子们相互交流,共同提高。

五、活动设计题(参考答案)

16. 主题活动:《我的祖国》

主题活动总目标

(1)感受祖国的美景和科技的发展,萌发爱国之情;

(2)知道我国主要的风景名胜,认识国旗;

(3)能用语言或绘画的形式表达自己的所思所想,抒发对祖国的热爱之情。

子活动一

大班社会活动《美丽的祖国》

(一)活动目标

(1)感受祖国的壮丽山河,萌发爱国之情;

(2)了解祖国主要的风景名胜,知道我国是一个多民族国家;

(3)能够用有序、连贯、清楚的语言描述自己的所见所闻。

(二)活动准备

中国地图、介绍我国地理知识的视频;故宫、长城、西湖、布达拉宫等风景名胜的图片。

(三)活动过程

1. 活动导入

提问导入,引出活动主题

师:小朋友们知道自己是哪个国家的人吗?你对我们国家有什么了解呢?

2. 活动展开

(1)教师向幼儿介绍我国的国土面积和民族特色

教师播放介绍我国地理知识和民族风情的小视频,引导幼儿初步了解我国的基本情况。

(2)教师结合地图和图片讲解几个有代表性的风景名胜区

(3)教师引导幼儿自由交谈自己去过的风景名胜区

师:小朋友们,那除了老师刚才讲的这几个,你还去过我们国家的其他地方吗?可以跟其他小朋友分享一下。

(4)教师请幼儿讲述自己的游玩见闻

鼓励幼儿大胆讲述自己的游玩见闻,并尽可能引导幼儿在地图上指出景点的位置。

3. 活动结束

幼儿投票选出最有趣、最特别的故事。

(四)活动延伸

教师引导幼儿回到家里和爸爸妈妈一起观看《乡土中国》,了解更多的信息。

子活动二

大班社会活动《认识国旗》

活动目标

(1)萌发身为中国人的自豪之情,愿意守护国旗;

(2)知道我国国旗的组成部分及含义;

(3)能通过绘画、粘贴等形式表达出自己对祖国的热爱之情。

子活动三

大班科学活动《四大发明》

活动目标

(1)感受我国古代科学技术的发展,萌发民族自豪感;

(2)知道我国古代的四大发明,了解其基本情况;

(3)能用完整、连贯的语言表述自己对四大发明的认识。

国家教师资格考试预测试卷(十八)

一、单项选择题

1. B 【解析】《3~6岁儿童学习与发展指南》指出,3~4幼儿能通过一一对应的方法比较两组物体的多少,故本题选B。

方法技巧:考生在做《3~6岁儿童学习与发展指南》中有关年龄的试题时,可以从不同年龄阶段幼儿的心理特点和认知发展特点进行分析,从而得出正确答案。

2. C 【解析】被拒绝型儿童的表现为交往活跃,但常做出不友好的、攻击性的举动(强行加入、争夺玩具、大声喊叫等),为大多数同伴所不喜欢或常被拒绝。故小白属于被拒绝型儿童。

易错提示:考生易混淆被拒绝型儿童、被忽视型儿童和矛盾型儿童,在做类似试题时,可通过以下方法进行区分:

被拒绝型——交往活跃,但行为具有攻击性,为大多数同伴所不喜欢或常被拒绝;

被忽视型——不喜欢交往,常常被冷落;

矛盾型——被某些同伴喜爱,同时又被其他同伴所不喜欢。

3. B 【解析】2~3岁的幼儿知道自己的性别,并初步掌握性别角色知识。儿童的性别概念包括两个方面:一是对自己性别的认识;二是对他人性别的认识。

4. C 【解析】在个体之间,生长类型的差异明显地反映在身体生长发育的各项指标上。题干中,斌斌和轩轩虽然出生时身高、体重差不多,但随着幼儿年龄的增长,两者就出现了明显差异,这体现的是幼儿生长发育的个体差异性。

5. D 【解析】陈鹤琴强调以幼儿的经验、身心发展特点和社会发展需要作为选择教材的标准,反对实行分科教学,提倡综合的单元教学、以社会自然为中心的"整个教学法"。

6. B 【解析】遗传素质为学前儿童的发展提供可能性。学前儿童的发展总是以遗传获得生理组织、一定的生命力为前提的。没有这个前提,任何发展都不可能。如果儿童先天色盲或失明就无从发展视力,强调了遗传素质的重要性。

7. B 【解析】再造想象是根据语言文字的描述或图形、图解、符号等非语言文字的描绘,在头脑中形成相应的新形象的过程。再造想象的形成要求有充分的记忆表象做基础,表象越丰富,再造想象的内容也就越丰富,同时再造想象离不开词语思维的组织作用。题干中糖糖的想象属于再造想象。

8. B 【解析】环境与教育目标的一致性原则是指环境的创设要体现环境的教育性,即环境创设的目标要符合幼儿全面发展的需要,与教育目标相一致。题干的描述说明环境创设的内容与教育主题相一致,即体现了环境与教育目标的一致性原则。

9. A 【解析】2岁左右,幼儿出现自我意识的萌芽,其突出的表现在于独立行动的愿望很强烈。此时幼儿有了自己的主意,经常和家长的意见不一致。题干中君君喜欢用"我自己……"来表达自己的想法,这说明君君已经出现了自我意识的萌芽。成熟的自我意识表现在三个层次,即生理自我、社会自我和心理自我。生理自我是对自己的机体及其状态的意识,如对觉醒状态的意识,对健康状况的意识,对自己的身体、外貌等方面的意识。社会自我是对自己的外部行为以及人际关系的意识,包括对自己在社会关系中的角色、地位、权利、义务等的意识。心理自我是个人对自己心理属性的意识,具体指其认知、态度、情绪情感体验、人格特征、目的和需要的集合,它构成了一个人对自己是什么人的看法。

10. B 【解析】随着年龄的增长,幼儿观察的目的性逐渐增强。任务越具体,幼儿观察的目的就越明确,观察的效果就越好。题干中教师让幼儿重复自己的任务,这有助于增强幼儿观察的目的性。

二、简答题(答案要点)

11. 结合《3~6岁儿童学习与发展指南》科学领域的内容,谈谈如何支持和鼓励幼儿在科学探索的过程中积极动手动脑寻找答案或解决问题。

(1)鼓励幼儿根据观察或发现提出值得继续探究的问题,或成人提出有探究意义且能激发幼儿兴趣的问题。如:皮球、轮胎、竹筒等物体滚动时都走直线吗?怎样让橡皮泥球浮在水面上?

(2)支持和鼓励幼儿大胆联想、猜测问题的答案,并设法验证。如:玩风车时,鼓励幼儿猜测风车转动方向及速度快慢的原因和条件,并实际去验证。

(3)支持、引导幼儿学习用适宜的方法探究和解决问题,或为自己的想法收集证据。如:想知道院子里有多少种植物,可以进行实地调查;想知道球在平地上还是在斜坡上滚得快,可以动手试一试;想证明影子的方向与太阳的位置有关,可以做个小实验进行验证等。

12. 简述活动区的功能。

(1)能适应幼儿个别差异的需要,扩充幼儿学习的领域;(2)引发幼儿学习动机,培养幼儿独立探索的精神;(3)给幼儿提供相互学习与观摩的机会,培养幼儿想象力、创造力、观察力和动手操作能力;(4)为幼儿创设互动的学习环境;(5)为幼儿提供个别化的学习机会;(6)为幼儿提供静态和动态相平衡的课程;(7)给教师提供观察与评价幼儿的机会。

三、论述题(答案要点)

13. 试述学前儿童游戏的特点。

(1)游戏是儿童自主自愿的活动(自由性)。儿童是出于自己的兴趣和愿望,自发自愿自主地进行游戏,而不是在外在的强制下进行游戏,他们可以自由表达自己的内心,显露自己的潜力。所以,幼儿乐于从事游戏,游戏是儿童自主自愿的活动。

(2)儿童重视的是游戏的过程,而非游戏的结果,无强制性的外在目的。儿童游戏没有任何功利的目的,既没有外部目标,也没有内在约定。儿童参加游戏就是为了享受游戏的过程,而非追求游戏的结果。

(3)游戏是充满想象和创造的活动。儿童在游戏过程中能够充分发挥其想象力,创造不同的玩法。如儿童在玩沙、玩泥的时候,会想出不同的玩法,并且玩得津津有味。

(4)游戏具有假想成分,是在假想的情景中反映社会生活,是虚构和现实统一的活动(虚构性和社会性)。游戏的主题内容、角色情节、游戏规则以及行为方式都具有社会性,是对现实世界的反映,是儿童渴望参与成人社会生活的反映。

(5)游戏是能给儿童带来积极情感体验的活动(愉悦性)。在游戏中,儿童能控制所处的环境,表现自己的能力和实现自己的愿望,因而能够获得愉悦感、胜任感和满足感。儿童的游戏活动没有强制的目标,因而降低了为达到目标而产生的紧张感,耗费精力小,也使儿童感到轻松、愉快。事实上儿童总是在情绪积极时才做游戏,游戏又给儿童带来积极的情绪。

(6)游戏是具体的活动。游戏是非常具体、形象的活动。每个游戏都有具体的内容、情节、角色、动作、实际的玩具和游戏材料,游戏角色之间还有对话,所有这一切,会不断引起儿童的表象活动。在这些表象的引导之下,儿童的游戏变得兴趣盎然,其乐无穷。

四、材料分析题(答案要点)

14. (1)材料主要反映了老师在处理幼儿同伴交往过程中行为的引导,两位教师的做法各有利弊。

(2)教师在教学活动、生活活动中,要留意幼儿身心特征对幼儿同伴交往的影响,采取有针对性的引导策略,对两位教师回应方式的利弊指出分析如下:

教师A的做法可取之处在于:发现幼儿同伴交往中出现问题,及时介入,介入过程中没有强制孩子按照自己的意愿去执行,而是用一种讲道理的方式告诉幼儿做一个懂事的孩子。

教师A的做法不可取之处在于:作为教师要教会幼儿合作,增强幼儿的自信感,对于像诺诺这样害羞和孤僻的幼儿,可以引导他与更小的幼儿提前活动,从而增强其交往的信心,提高他的社会交往能力。而不是像教师A这样直接让小莉离开秋千让给诺诺玩,并没有询问小莉的意愿,委婉中透露着一种命令式的口吻。对于诺诺来说,这一次通过老师的介入满足了内心的愿望,下次遇到此类问题还是会第一时间想到找老师,欠缺自己动脑想问题、解决问题的能力,长期会养成孩子胆小、懦弱、依赖成人的问题。

教师B的做法可取之处在于:注意到诺诺积极行为与消极行为均较少,性格内向、胆小、不爱说话、不爱交往,在交往中缺乏积极主动性,对诺诺进行积极引导,帮助分析原因、提出合理建议,抓住契机培养了幼儿交往当中的主动性、勇气，更为可取。

教师B做法不可取之处在于：她对幼儿处理问题的过程关注不够，仅笼统教给方法，对诺诺这种不会游戏或对参与游戏缺乏方法的幼儿，应使其在游戏中学到被同伴群体接受的必要的社交技能，并能在游戏中改善与其他幼儿的关系，从而进一步提高其交往的技能。教师应当在日常生活中关注对诺诺交往策略的指导，通过各种途径，运用多种形式，让诺诺学会诸如表示友好（微笑、拥抱、问好等）、服从、交换、轮流、模仿、借、收回、声明、道歉、提问、赞赏、安慰、建议、说理、协商、申辩等，并且在实际的过程中去操练这些策略，形成愉悦的、融洽的交往氛围，培养良好的同伴关系。

15. 在幼儿游戏过程中，教师不仅是观察者、记录者，而且还应该是幼儿游戏的尊重者、支持者、参与者和引导者。教师作为幼儿游戏的引导者，应注意以下几个方面：

(1)教师要引发幼儿游戏的兴趣。教师可以通过在游戏场地放置一些新材料、新设备等来引起幼儿开展某种游戏的兴趣。材料中教师在“动动巧手”的活动里提供许多大小、形状都不同的螺丝，孩子们爱不释手，兴趣很浓厚。

(2)教师要适时提出开放性问题。在幼儿游戏的过程中，教师要善于把握时机，提出启发性的问题，以促进幼儿游戏的发展。材料中当吴艳楠向老师展示自己做的“蛋糕”时，老师表扬了她并用提问的方式引导她再搭一个不一样的东西。

(3)教师要及时提出合理化建议。当幼儿的游戏未能向前发展时，教师应给予提示、提供建议，以帮助幼儿更好地开展游戏。材料中老师表扬顾洋螺丝拧得好，并让他表演给其他小朋友看，一些小朋友也跟着拧螺丝，间接地为小朋友提供了游戏的方式，引导了更多的小朋友参与到游戏中去。

(4)教师要以间接方式为主指导幼儿的游戏。材料中，老师没有直接教孩子们怎么玩螺丝，而是让幼儿自主发现螺丝游戏的乐趣。

五、活动设计题（参考答案）

16. 主题活动：《神奇的数字》

主题活动目标

(1)加强对10以内数的认知和按不同用途进行分类的能力。

(2)尝试运用多种方法来改变数字形象，构建出新事物，从中体验事物千变万化的乐趣，促进想象力的发展。

(3)通过游戏发现数字在生活中的作用，初步形成乐于关注身边事物的情感态度。

子活动一

大班数学活动《有趣的数字》

(一)活动目标

(1)感知数字在生活中的运用，体验数字的不同组合带来的乐趣。

(2)学习对数字进行不同的排列组合。

(3)乐于与同伴、老师交流自己的发现，能在讨论的基础上发现问题。

(二)活动准备

汽车牌照、公共汽车站牌、居民住宅楼、钟楼、红绿灯等图片。0—9数字卡若干套，水彩笔等。

(三)活动过程

1. 找一找：发现物品上的数字

(1)通过参观展览的形式让小朋友发现物品上的数字。

(2)相互交流。

你发现这些物品上都有什么？（数字—出示字卡）你发现了哪些数字？（出示0—9数字）

2. 猜一猜：了解数字的用途

(1)这些物品上的数字有什么用呢？

（幼儿结合具体的物品，凭借自身生活经验，互相交流、猜测这些物品上数字的用途）

教师小结：原来，数字就在我们身边，我们的周围到处都有数字，小朋友还在哪些地方看到过数字呢？

(2)幼儿回忆、讲述生活中见过的数字。

(3)观看图片，了解生活中更多的数字。

教师：你们还看到过这些地方的数字吗？这些数字又表示什么意思呢？

①幼儿再次发现、寻找并思考：数字的用途。

②交流：鼓励幼儿积极提问，老师和幼儿一起解答疑问并出示相关的图片。

(4)教师小结：原来，数字的用处还真多呢！它们有的用来编号，有的用来表示时间、地址，有的用来表示时间、地址，有的用来表示商品的价格，说明物品的生产日期、保质期、重量等等，给我们的生活带来了许多方便。数字的用处还有好多呢，我们以后再去找一找，好吗？

3. 玩一玩：数字组合游戏

教师：其实，这些数字早就悄悄地来到小朋友的椅子底下，小朋友把它请出来吧！

(1)游戏准备：看一看，你拿到的是哪两个数字？把小卡片上的数字贴在椅子上，大卡片上的数字拿在手里，数字朋友要来跟我们玩游戏呢！

(2)游戏：找座位。

要求找到比手里的数字多1的座位号坐下。

(3)发现问题：“9”找不到座位，怎么办？

(4)导出数的组合：

发现1和0可以组合成“10”，让9找到组合成的数字“10”的座位。

4. 想一想：数字的其他组合法：

“1、1、0”可以组合成“110”表示特殊的电话号码。

“0、1、2、5、8”可以组合成58210285的电话号码。

“1、4、6、8”可以组合成数字1468，表示数的多少，也可以表示家庭电话号码，还可以表示生日呢！

(四)活动延伸

幼儿制作我的名片,学习在"名片"上写上自己的生日、家庭电话、住址和姓名。

子活动二

大班音乐活动《数一数》

活动目标

(1)学唱歌曲,尝试用添加语气词的唱法表现歌曲的诙谐有趣。

(2)运用重组法改编歌词,并能大胆地唱出新歌词。

(3)敢于迎接绕口令的拗口和歌词的不断变化带来的挑战,体验成功的快乐。

子活动三

大班社会活动《身边的数字》

活动目标

(1)发现生活中的数字,初步了解它们的不同用途。

(2)学习运用数字解决生活中的一些实际问题,从中体验活动的乐趣。

(3)激发对数字的兴趣,培养幼儿积极关注身边事物的情感态度。

国家教师资格考试预测试卷(十九)

一、单项选择题

1. C 【解析】处于主动感对内疚感阶段的儿童的发展任务是培养主动性。他们开始追求出于自我利益和动机的活动,想象自己正在扮演成年人的角色,并因以为自己能从事成年人的角色和胜任这些活动而体验一种愉快的情绪。题干所述是处于该阶段儿童的典型实例。

2. C 【解析】被排斥型幼儿具有体质强、力气大、不友好、积极行为少;能力较强、性格外向、脾气急躁、容易冲动、活泼好动,对自己的社交地位估计过高的特点。

3. B 【解析】皮亚杰认为,前运算阶段儿童无法掌握守恒的原因是他们的思维缺乏可逆性。即儿童观察事物时往往只能注意表面的、显著的特征,倾向于注意事物的静止状态。思维活动表现的关系单一,不能进行可逆运算。题干中幼儿不能准确区分出前后两杯装在不同容器中的水是否一样多,说明幼儿还不具有守恒概念,因此思维处于前运算阶段。

   方法技巧:皮亚杰的认知发展阶段理论中四个阶段的顺序概括为:爱奇艺(2、7、11)敢(感知运动阶段)签(前运算阶段)巨(具体运算阶段)星(形式运算阶段)。

4. C 【解析】按群计数是指计数时不以单个物体为单位,而是以数群(物体群)为单位。题干中琳琳5个5个地数,表明她以5为单位进行计数,故属于按群计数。

   易错提示:考生在做此类试题时,需要注意题干中的关键词是"数概念能力"还是"计数能力"。

   幼儿数概念的形成经历四个阶段,口头数数、给物说数、按数取物、掌握数概念。

   幼儿计数能力的发展经历六个阶段,即口头数数、按物计数、说出总数、按数取物、目测数数和按群计数。

5. A 【解析】丰富的想象力是3~6岁幼儿心智发展的特征之一,他们尚不能分辨想象与事实之间的差距,容易把想象和现实混淆。题干中毛毛将还没有发生的事情当作已经发生的事情向朋友讲述,说明毛毛尚未分清想象与现实。

6. A 【解析】随着年龄的增长,幼儿情绪逐渐与社会性需要相联系。社会化成为幼儿情绪情感发展的一个主要趋势。题干中幼儿出现对人脸的积极情绪反应,体现的是儿童情绪的社会化。

7. D 【解析】时间抽样观察法是对特定时间内幼儿所发生的行为进行观察和记录的方法。题干中李老师使用的是时间抽样观察法。

8. D 【解析】遗传素质仅为人的发展提供物质前提,而不能决定人的发展。遗传素质为人的发展提供了巨大的可能性,但这种可能性能否变成现实则取决于后天的环境和教育。

9. B 【解析】胎儿发育期缺碘,婴儿出生后就会生长发育迟缓、智力低下,严重者发生"呆小症",即"克汀",表现为聋、哑、矮、傻。

10. D 【解析】在同一时间内,把注意分配到两种或几种不同的对象与活动上,是注意的分配。题干中幼儿照顾到了脚的动作,就注意不到手的动作,说明幼儿注意的分配能力较差。

二、简答题(参考答案)

11. 简述教师在实施《3~6岁儿童学习与发展指南》的过程中应把握哪些原则。

   (1)关注幼儿学习与发展的整体性。儿童的发展是一个整体,要注重领域之间、目标之间的相互渗透和整合,促进幼儿身心全面协调发展,而不应片面追求某一方面或几方面的发展。

   (2)尊重幼儿发展的个体差异。幼儿的发展是一个持续、渐进的过程,同时也表现出一定的阶段性特征。

   (3)理解幼儿的学习方式和特点。幼儿的学习是以直接经验为基础,在游戏和日常生活中进行的。

   (4)重视幼儿的学习品质。幼儿在活动过程中表现出的积极态度和良好行为倾向是终身学习与发展所必需的宝贵品质。

   方法技巧:《指南》的四条实施原则是重点内容。考生在学习的过程中要记忆并掌握这四条原则,可通过以下方法进行识记:整(整体性)个(个体差异)学(学习方式和特点)制(学习品质)。

12. 简述幼儿发展评价的主要方法,并举例说明比较常用的1~2种方法。

(1)测验法;(2)观察法;(3)谈话法;(4)作品分析法;(5)档案袋评定。

测验法是对幼儿身体、认知、语言、社会性发展等方面的测量。它是学前教育评价的一种重要工具,主要包括标准测验和教师自制测验两大类。例如,要评价幼儿"形状与数概念"的理解能力,教师可在幼儿小组或个别活动时,出示相关材料,有目的地对幼儿进行测试和提问,记录幼儿的反应,并做出评价。

谈话法是调查者通过与被调查者当面交谈来获取信息的方法。例如:让3~4岁幼儿回答教师提出的下列问题:你叫什么名字?你今年几岁了?你的生日是哪一天?你是男孩还是女孩?

三、论述题(参考答案)

13. 论述培养幼儿亲社会行为的方法。

(1)角色扮演法。角色扮演是一种使人暂时置身于他人的社会位置,并按这一位置所要求的方式和态度行事,以增进对他人社会角色及自身原有角色的理解,从而更有效地履行自己角色的心理学技术。

(2)移情训练法。利用移情来教育儿童,使其具有内在的自我调节能力,比一味地限制、要求这种外部约束要有效得多。移情一方面,可以使儿童从他人的角度考虑问题,产生利他思想;另一方面,可以引起儿童的情感共鸣,产生同情心和羞愧感。移情训练的具体方法有:听故事,引导理解、续编故事,扮演角色等。

(3)榜样示范法。心理学的研究表明,模仿是儿童获得相应的社会行为的重要途径。儿童亲社会行为的获得与表现在一定程度上与模仿有密切的关系。因此,为儿童提供亲社会行为的榜样是培养其亲社会行为的最基本方法。

(4)善用精神奖励。儿童亲社会行为无论是自觉的还是不自觉的,都需要得到群体的认可。儿童一旦出现了利他行为,成人和教师要及时强化,如表扬、奖励等,使儿童获得积极反馈,达到逐渐巩固的目的。

四、材料分析题(参考答案)

14. (1)《3~6岁儿童学习与发展指南》指出:幼儿科学学习的核心是激发探究兴趣,体验探究过程,发展初步的探究能力。①材料中亮亮在科学活动中,将水管连接在一起,表现出积极的兴趣;②在操作过程中将水从细管倒入,让水从另一头流出时感到非常开心,最后成功将倒入粗水管的水也引流出后,自豪地向同伴分享,这都表现出亮亮在整个探究过程中,得到了成功的体验,积累了相关的经验;③在发现水从粗水管倒入无法流出时,亮亮反复观察、尝试,最后发现问题并且解决了问题,发展了初步的探究能力。

(2)策略:教师要善于发现和保护幼儿的好奇心,充分利用自然和实际生活中的机会,引导幼儿通过观察、比较、操作、实验等方法学会发现问题、分析问题和解决问题,帮助幼儿不断积累经验,并运用于新的学习活动,形成受益终身的学习方法和能力。针对亮亮小朋友的探索活动,教师可围绕"水管"这一主题,开展其他类型的探索活动,丰富幼儿的已有经验,促进幼儿其他方面能力的发展。

15. (1)李老师采用了内部干预的形式介入,即教师以游戏中的角色身份参与幼儿的游戏,以游戏情节需要的角色动作和语言来引导幼儿的游戏行为。

(2)①李老师的介入时间是恰当的。材料中李老师在观察了幼儿游戏一段时间之后,寻找到了可以对幼儿加以暗示点拨的情节,即以"交警"的身份介入了幼儿游戏,并进行了及时的随机教育,使幼儿知道遵守交通规则的重要性。

②教师介入幼儿游戏的时机:其一,当幼儿游戏出现困难时介入。当幼儿不知道自己该做什么游戏,如何去游戏时,教师的介入是引导幼儿开始游戏的关键。其二,当必要的游戏秩序受到威胁时介入。当必要的游戏秩序受到威胁时,教师可用游戏口吻自然地制止幼儿的干扰行为并提出活动建议。其三,当幼儿对游戏失去兴趣或准备放弃时介入。这时教师的介入可以帮助幼儿拓展游戏内容,提高游戏技能,进一步激发幼儿游戏的兴趣。其四,在游戏内容发展或技能方面发生困难时介入。在这种情况下,教师可以作为游戏同伴介入游戏给予幼儿示范,或者让幼儿相互启发,相互影响,以帮助幼儿克服困难,拓展游戏。

五、活动设计题(参考答案)

16. 主题活动:《我的情绪》

主题活动目标

(1)懂得情绪愉快有利于身体健康。

(2)初步学习使用正确的方式排解不开心的情绪。

(3)引导幼儿逐渐养成乐于分享、积极乐观的生活态度。

子活动一

中班社会活动《学会分享快乐多》

(一)活动目标

(1)知道分享能交到更多的朋友。

(2)愿意将自己的玩具与零食与小朋友一起分享。

(二)活动准备

动画、不同行为的幼儿贴画。图书、零食、玩具若干。

(三)活动过程

1. 活动导入

故事提问导入:小猴子过生日发生了什么事情?

2. 观看动画,引导幼儿理解分享

(1)播放动画,情境导入

教师提问:小动物们为什么都走了?

师:小猴生日,小动物都来为小猴庆祝生日,可是小猴却说生日蛋糕是妈妈买给它的,它才不愿意和大家一起吃,大家都失望的回家了。

师:小朋友,你们愿意把自己的东西给别人吃吗?

师:故事告诉我们什么是分享?小猴学会分享了吗?小朋友,我们以后应该怎样与好朋友一起分享?

(2)理解故事内容

师:故事告诉我们:分享就是将好吃的跟大家一起吃,好玩的玩具跟大家一起玩,同样别人也会将好吃的和好玩的跟你一起分享,这样你会得到更多的玩具,也会有更多的小朋友和你做好朋友。

(3)图片演示

教师出示两张图片并讲述图片故事,让幼儿判断对错并说明原因。

教师看图总结:分享是件快乐的事,我们除了要跟好朋友之间分享玩具外,还要跟爸爸妈妈分享幼儿园的快乐!

3.游戏互动——我会分享

分组游戏,教师每组发一件物品,鼓励幼儿学会分享。

(四)活动延伸

日常生活中鼓励幼儿多与同伴分享自己的东西。和家长联系,习惯养成延续至家庭中落实。

子活动二

中班健康活动《做个快乐的自己》

活动目标

(1)愿意跟小朋友们分享自己快乐和不快乐的事,大胆表达自己的情绪。

(2)理解故事中阿力想长高的心情,了解每个人都有自己的长处与短处。

(3)能够在生活中寻找到快乐,拥有积极健康的心理状态和愉快的情绪。

子活动三

中班音乐活动《多愉快》

活动目标

(1)感受乐曲欢快的情绪,熟悉歌曲内容及曲调,会用欢快的情绪演唱。

(2)学习四分、八分、十六分音符混合节奏型,并能按节拍做拍手、跺脚的动作。

(3)增强身体的协调性,学习踏点步、跑跳步、跨步跳。

(4)在音乐的伴奏下能合拍、自如地表演动作,并巩固节奏感。

国家教师资格考试预测试卷(二十)

一、单项选择题

1. A 【解析】角色游戏是指学前儿童以模仿和想象,通过扮演角色,创造性地反映周围现实生活的一种游戏,又称想象性游戏。题干中小明通过扮演医生来模仿现实生活中爸爸的角色,属于角色游戏。
2. A 【解析】移情是儿童观察他人情绪反应时体验到的与他人相似的情绪反应。移情的前提是儿童理解自身和他人的差异,能够从他人的角度看问题。题干中教师通过询问,使幼儿以父母的角度体验,是在培养幼儿的移情能力。
3. A 【解析】具体形象思维是指儿童依靠事物在头脑中的具体形象进行的思维,即依靠具体事物的表象以及对具体形象的联想而进行的思维。对幼儿来说,“桌子”“椅子”比“家具”更具体、形象,因此幼儿更容易掌握。
4. D 【解析】理智感是在认知客观事物的过程中所产生的情感体验,它与人的求知欲、认识兴趣、解决问题的需要等满足与否相联系。幼儿的理智感有一种特殊的表现形式,即好奇好问。另一种表现形式是与动作相联系的“破坏”行为。题干中幼儿拆卸玩具的行为,是因为幼儿对玩具产生了好奇,是理智感发展的原因。
5. B 【解析】单词句阶段儿童说出的词具有以下特点:单音重叠;一词多义;以词代句。题干中幼儿的言语是单词句阶段的典型表现。
6. B 【解析】记忆表象是指感知过的事物不在面前时,人们在头脑中出现的关于事物的形象。例如,人重新回忆过去经历过的事物的时候头脑中所出现的形象就是记忆表象。故题干中的幼儿在头脑中回忆科技馆里的小发明,在心理学上属于记忆表象。想象是对头脑中已有的表象进行加工改造,建立新形象的过程。题干中只强调幼儿对过去事物的回忆,并没有进行加工改造的过程,故不属于想象。再认是指识记过的事物重新出现时,感到熟悉,确知是以前感知过或经历过的。题干中,科技馆中的事物没有再次出现,只是在幼儿的头脑中呈现,故不属于记忆再认。

   易错提示:考生易混淆记忆表象和记忆再认。考生在做题时,可通过以下关键点进行区分:

   记忆表象——头脑中出现感知过的事物,但此事物不在眼前;

   记忆再认——头脑中出现感知过、思考过或体验过的事物,并且此事物再次出现在眼前。
7. D 【解析】题干中禾禾只能理解小兰的妈妈是陈老师,却不知道陈老师的女儿是谁,说明禾禾的思维是单向的,不能转换思维的角度,即具有不可逆性。
8. A 【解析】《幼儿园教育指导纲要(试行)》指出,科学领域的目标为:(1)对周围的事物、现象感兴趣,有好奇心和求知欲;(2)能运用各种感官,动手动脑,探究问题;(3)能用适当的方式表达、交流探索的过程和结果;(4)能从生活和游戏中感受事物的数量关系并体验到数学的重要和有趣;(5)爱护动植物,关心周围环境,亲近大自然,珍惜自然资源,有初步的环保意识。

9. A 【解析】维生素 D 能调节钙、磷代谢,维持血钙浓度稳定,在促进骨骼和牙齿的正常生长和钙化过程中起着重要作用。维生素 D 有助于预防佝偻病,又称抗佝偻病维生素。

10. A 【解析】生活教育化就是将学前儿童日常生活中已获得的原有经验加以系统化、条理化,在生活中适时引导,促进学前儿童发展。题干中老师根据幼儿掉牙的事例组织全班幼儿一起探索有关"牙"的主题活动,说明老师能将幼儿日常生活中的经验运用到教学活动中,体现了生活教育化的原则。

二、简答题(答案要点)

11. 简述学前儿童移情能力发展的特点。

(1)对别人心理状态的理解从简单到复杂;
(2)从需要明显的外部线索到能理解隐蔽线索;
(3)移情能力的水平随儿童完成任务的难度而变化;
(4)移情能力发展的关键期可能在 4~6 岁。

12. 简述我国学前教育目标制定的依据。

(1)社会要求。学前教育目标必须适应社会发展的要求,主要体现在以下两个方面:①学前教育目标要符合我国社会发展和国情的需求;②学前教育目标要预见社会新的要求,具有前瞻性。
(2)幼儿身心发展特征和规律。教育是培养人的活动,教育目标体现了教育者和社会对于教育对象的期望,但这种期望是以幼儿身心发展水平和规律为基础的。
(3)具体学科性质和幼儿学习的特点。任何一门学科都有其独特的教育功能和逻辑结构,幼儿学习也有其特殊的规律。制定教育目标时必须充分考虑学科性质和幼儿的学习特点,尊重幼儿学习的规律,制定符合幼儿年龄特征、学习特点的教育目标。

三、论述题(答案要点)

13. 试述学前儿童亲子依恋的类型及培养幼儿形成良好依恋的措施。

(1)依恋类型主要包括:①焦虑—回避型。母亲在场或不在场对这类幼儿影响不大。母亲离开时,他们并无特别紧张或忧虑的表现。母亲回来了,他们往往也不予理会。虽然有时会欢迎母亲的到来,但只是暂时的,接近一下又走开了。②安全型。这类幼儿与母亲在一起时能安逸地玩弄玩具,对陌生人的反应也比较积极,并不总是偎依在母亲身旁。当母亲离开时,其探索性行为会受影响,明显地表现出一种苦恼;当母亲回来时,他们会立即寻求与母亲的接触,但能很快平静下来。③焦虑—反抗型。这类幼儿在母亲要离开之前总显得很警惕,如果母亲要离开他,他就会表现出极度的反抗,但是与母亲在一起时,又无法把母亲当作他的"安全基地"。他们见到母亲回来会寻求与母亲接触,但同时又反抗与母亲接触,甚至还有点发怒的样子。
(2)①注意"母性敏感期"期间的母子接触。有研究认为,最佳依恋的发展需要在"母性敏感期"期间使孩子与母亲接触。理想条件是:出生后 3 小时起便有定时的母子接触,在开始 3 天里,每天另有 5 小时让妈妈搂抱孩子。理想条件下的孩子与妈妈关系更密切,面对面注视的次数更多,并且后期依恋关系更好。
②尽量避免父母与孩子的长期分离。研究表明,孩子与父母的长期分离会造成孩子的"分离焦虑",从而影响孩子正常的心理发展。特别是 6~8 个月后的分离,会产生严重的影响。因为这个时期正好是孩子与他人建立情感联系的关键时期,所以不管存在什么样的困难,父母都要尽量自己负担起养育、教育孩子的责任。
③父母与孩子之间要保持经常的身体接触。如抱孩子,适当地和孩子一起玩耍。同时,父母在和孩子接触时要保持愉快的情绪,高高兴兴地和孩子玩。
④父母对孩子所发出的信号要敏感地做出反应。要注意孩子的行为(如找人、哭闹等),并给予一定的关照。

四、材料分析题(答案要点)

14. (1)幼儿园教育活动内容的生活性原则是指,幼儿教育与幼儿的生活是紧密联系在一起的。因此,幼儿园教育活动内容应该主要来源于现实生活,教育活动应该是促进幼儿美好生活的有效途径。材料中王老师根据小朋友穿雨衣的现象,生成了"雨衣的秘密"体现了生活性原则。
(2)幼儿园课程内容选择应遵循以下原则:①时代性原则。在选择教育活动的内容时,要突破已有教材或内容的限制,选取反映现代幼儿特点的内容,这样才能培养出符合教育目标和社会发展的未来人才。②生活性原则。幼儿园教育活动内容的选择必须以儿童的生活经验为基础,遵循各年龄段儿童在认知、情感态度、能力、个性和社会性发展方面的一般规律,提出既与儿童原有经验相适应又有利于儿童主动建构的活动内容,同时,要协调好社会生活经验与儿童个体生活经验之间的矛盾。③兴趣性原则。首先,要关注幼儿的兴趣,从他们感兴趣的事物中选择教育价值丰富的内容;其次,教师要将必要的活动内容转化为幼儿的兴趣。④内容和目标一致性原则。教师在选择内容时首先要考虑选择这个内容是为了实现哪一个或哪几个目标,这个内容是否与目标有关联,是什么样的关联,是否还有关联更密切的内容等。在确立目标时,教师要善于统整各项教育活动,围绕一个目标协调各种教育活动为它服务;同时也要最大限度地发挥某一活动的教育功效,使一项活动能实现多方面的教育任务。⑤因地制宜原则。

幼儿园在选择教育活动内容时,应尽量选取那些能反映幼儿园周围环境和社区特点的,能充分利用当地的各种教育资源和条件,使教育活动的内容区域化、本土化。

15. (1)游戏是一种主动、自愿、愉快、假想的社会性活动,是学前儿童获得知识的最有效手段。学前儿童的游戏具有以下特点:①游戏是儿童自主自愿的活动;②儿童重视的是游戏的过程,而非游戏的结果,无强制性的外在目的;③游戏是充满想象和创造的活动;④游戏具有假想成分,是在假想的情景中反映社会生活,是虚构和现实统一的活动;⑤游戏是能给儿童带来积极情感体验的活动;⑥游戏是具体的活动。材料中的教师没有尊重幼儿的意愿,强制要求幼儿上台表演,违背了自主自愿的特点;材料中的教师不时地按照故事情节规范语言,纠正孩子们的动作,使得幼儿失去了创造的机会,也不会给幼儿带来愉悦感。

(2)该材料中老师组织的所谓的“游戏”活动并不是真正的游戏,违背了游戏的本质特点。教师在组织儿童进行游戏的时候,应当充分尊重儿童游戏的兴趣和意愿,根据儿童的身心特点及生活经验进行游戏环境的创设。在儿童游戏的过程中,教师也要用心观察儿童在游戏中的表现,鼓励幼儿的自主性和创造性,为幼儿提供他们感兴趣的游戏材料和游戏环境。

五、活动设计题(参考答案)

16. 主题活动:《春天》

主题活动目标

(1)能运用各种感官和途径认识了解春天的特征,明白春天是一个秀丽和播种的季节。

(2)能用说、朗诵、唱、跳、绘画、制作、剪贴等各种方式表现春天,体验创作的快乐。

(3)在欣赏与春天有关的文学作品中体验文字的优美,学习创编与春天有关的故事或儿歌。

(4)愿意把自己的研究发现与同伴交流分享,体会彼此分享的快乐。

子活动一

中班语言活动:《春天的梦》

(一)活动目标

(1)理解诗歌的内容,感受春天的变化。

(2)学习绿绿的、红红的等重叠词。

(3)尝试仿编诗歌,发挥幼儿的想象力。

(二)活动准备

背景音乐,诗歌《春天的梦》的课件,苹果、香蕉、西瓜、葡萄等图片。

(三)活动过程

1. 谈话导入,引出主题

(1)师:小朋友们,我是“春风姐姐”,我想和你们交个朋友,你们愿意吗?我们一起跳个舞吧。与孩子们一起跳《春天真美丽》。

(2)与小朋友讨论梦:小朋友,你们晚上做梦吗?都梦见什么了?

(3)出示春风姐姐的梦:春风姐姐做了一个梦,梦见春天到了,外面特别漂亮。春风姐姐爱做梦,梦是美美的。

2. 欣赏和理解诗歌《春天的梦》

(1)欣赏诗歌。

师:小草、小花、小燕子、小宝宝都睡了,在睡梦中,他们都做了不同的梦,小朋友,你们想知道它们的梦是怎样的吗?

放诗歌《春天的梦》的录音,幼儿欣赏,并提问“你们听到了什么?”

小草爱做梦,梦是绿绿的。小花爱做梦,梦是红红的。小燕子爱做梦,梦是暖暖的。小朋友爱做梦,梦是甜甜的。

(2)熟悉和理解诗歌的内容。

幼儿欣赏完一遍诗歌后,师:诗歌的名字是什么?小草的梦是怎样的?为什么?(学习词:绿绿的。因为绿色的小草最美)小花的梦是怎样的?(学习词:红红的。因为红红的花最美)小燕子的梦是怎样的?(学习词:请幼儿跟读词语“暖暖的”)宝宝的梦是怎样的?为什么?(学习词:甜甜的)

(3)幼儿边看课件边欣赏诗歌,并和教师一起表演诗歌。

3. 仿编诗歌

(1)出示图片.引导幼儿仿编诗歌。

分别出示水果图片:苹果、香蕉、西瓜、葡萄等的图片,启发和引导幼儿看图片仿编诗歌。如:苹果的梦(红红的,圆圆的……);香蕉的梦(弯弯的,黄黄的)……

(2)将幼儿仿编的诗歌组合起来,成为一首新的诗歌《水果的梦》。

(3)请幼儿选一张图片,并说说它们的梦是什么样的。

(4)请幼儿到前面创编图片中水果的梦,并把幼儿说的编成好听的诗歌,让幼儿体会到成就感。

4. 活动结束

我们也在甜美的音乐中做个《甜甜的梦》结束活动。

子活动二

中班社会活动《春天在哪里》

活动目标

(1)在观察、体验中感受春天的特征和完美。

(2)能够主动交流自己的发现,勇敢大方地说出自己的见解。

(3)能用自己喜欢的方式表达对春天的热爱,激发热爱大自然的情感。

子活动三

中班美术活动《“花”蝴蝶》

活动目标

(1)初步掌握用树叶粘贴小动物的基本方法。

(2)能根据树叶的形状,色彩进行联想和创作。

(3)乐意与父母共同制作,增进亲子间感情。